Impressum
Verlag: BABADADA GmbH, Nedderfeld 112 , 22529 Hamburg
Geschäftsführer / Verlagsleitung: Harald Hof
Druck: Books on Demand GmbH, In de Tarpen 42, 22848 Norderstedt

Imprint
Publisher: BABADADA GmbH, Nedderfeld 112 , 22529 Hamburg, Germany
Managing Director / Publishing direction: Harald Hof
Print: Books on Demand GmbH, In de Tarpen 42, 22848 Norderstedt, Germany

# die Schule
# sukuu

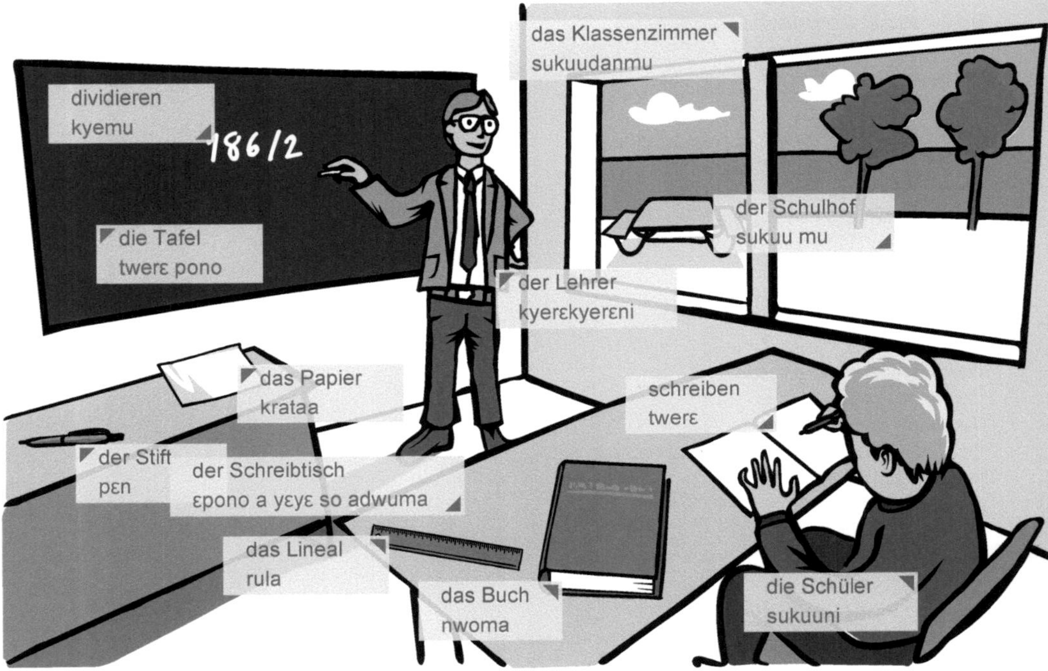

das Klassenzimmer
sukuudanmu
dividieren
kyemu
186/2
die Tafel
twerɛ pono
der Schulhof
sukuu mu
der Lehrer
kyerɛkyerɛni
das Papier
krataa
schreiben
twerɛ
der Stift
pɛn
der Schreibtisch
ɛpono a yɛyɛ so adwuma
das Lineal
rula
das Buch
nwoma
die Schüler
sukuuni


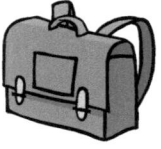

der Ranzen

baage

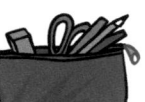

die Federmappe

twerɛdua konko

der Bleistift

twerɛdua

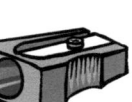

der Bleistiftanspitzer

deɛ yɛde sensen twerɛdua ano

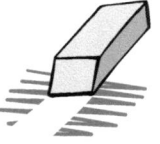

das Radiergummi

rɔba

der Zeichenblock

krataa a yɛdwi adeguso

die Zeichnung
adedwie

der Pinsel
penti brɔhye

der Malkasten
penti adaka

die Schere
apasoɔ

der Klebstoff
aman

das Übungsheft
nwoma a yɛyɛ mu adwuma

die Hausaufgabe
efie adwuma

die Zahl
nɔma

addieren
kabom

subtrahieren
te fri mu

multiplizieren
mmɔho

rechnen
sese

der Buchstabe
lɛtɛ

das Alphabet
ntwerɛeɛ

das Wort
asɛmfua

der Text
ntwerɛdeɛ

lesen
kenkan

die Kreide
kyɔk

die Stunde
adesua

das Klassenbuch
twerɛ wo din

die Prüfung
nsɔhwɛ

das Zeugnis
abodinkrataa

die Schuluniform
sukuu ataadeɛ

die Ausbildung
adesua

das Lexikon
nyansa nwoma

die Universität
suapɔn

das Mikroskop
maakroskop

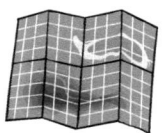

die Karte
map

der Papierkorb
kɛntɛn a yɛde krataa nwura
gu mu

# die Reise
# akwantuo

das Hotel
ahɔhogyebea
Grand
die Herberge
hostɛl
ROOMS
die Wechselstube
baabi a yɛ sesa sika
CHANGE
der Koffer
potomanto
das Auto
kaa

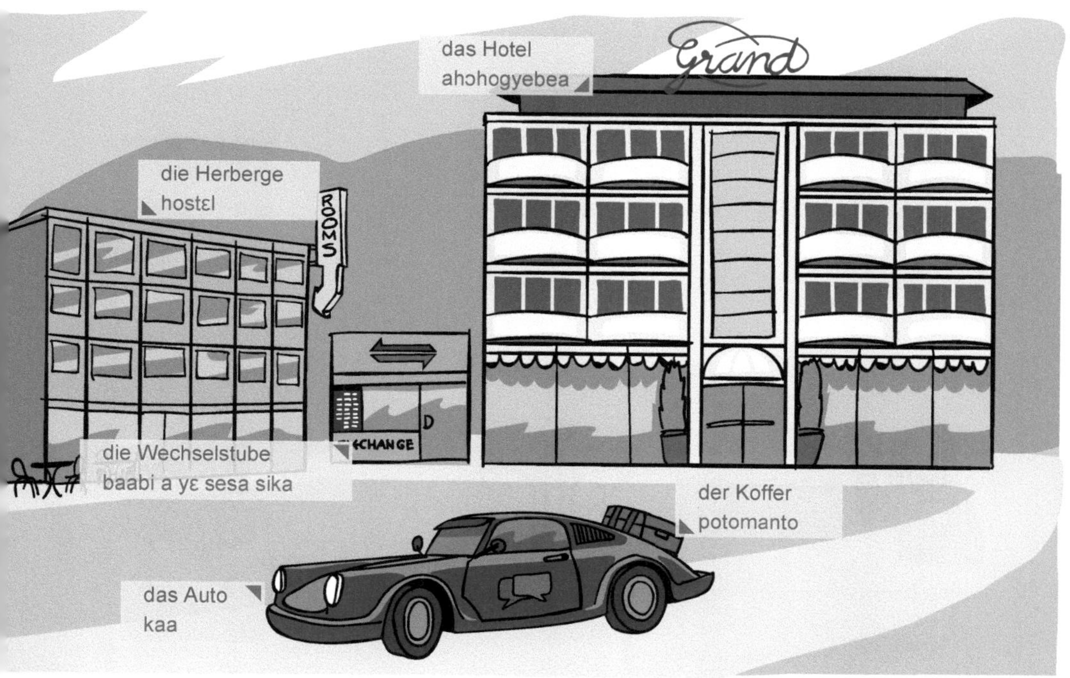

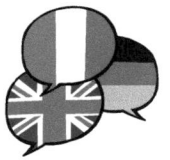

die Sprache

kasa

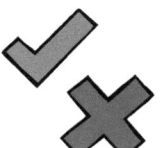

ja / nein

aane / dabi

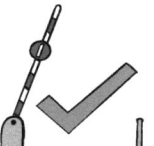

Okay

Yoo

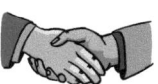

Hallo

hɛlo

der Übersetzer

kasa asekyerɛfoɔ

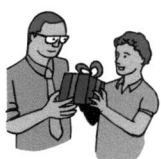

Danke

Medaase

Was kostet...?

...bɔɔ yɛ sɛn?

Ich verstehe nicht

Me nte aseɛ

das Problem

ɔhaw

Guten Abend!

Maadwo!

Guten Morgen!

Maakye!

Gute Nacht!

Dayie!

Auf Wiedersehen

baibai o

die Richtung

akwankyerɛ

das Gepäck

wo nneɛma

die Tasche

bɔtɔ

der Rucksack

akyirebɔtɔ

der Gast

ɔhɔhoɔ

das Zimmer

danmu

der Schlafsack

bɔtɔ a yɛda mu

das Zelt

ntomadan

die Touristeninformation

nsɛm dema wɔn a wɔkɔ nsrahwɛ

der Strand

mpoano

die Kreditkarte

kaade a yɛde yi sika

das Frühstück

anɔpa aduane

das Mittagessen

awua aduane

das Abendessen

anwumerɛ aduane

die Fahrkarte

tiket

der Fahrstuhl

pegya

die Briefmarke

stamp

die Grenze

ɛhyeɛ so

der Zoll

kutɔmfoɔ

die Botschaft

embasi

das Visum

visa

der Pass

passpɔt

# der Transport
## akɔneabadie

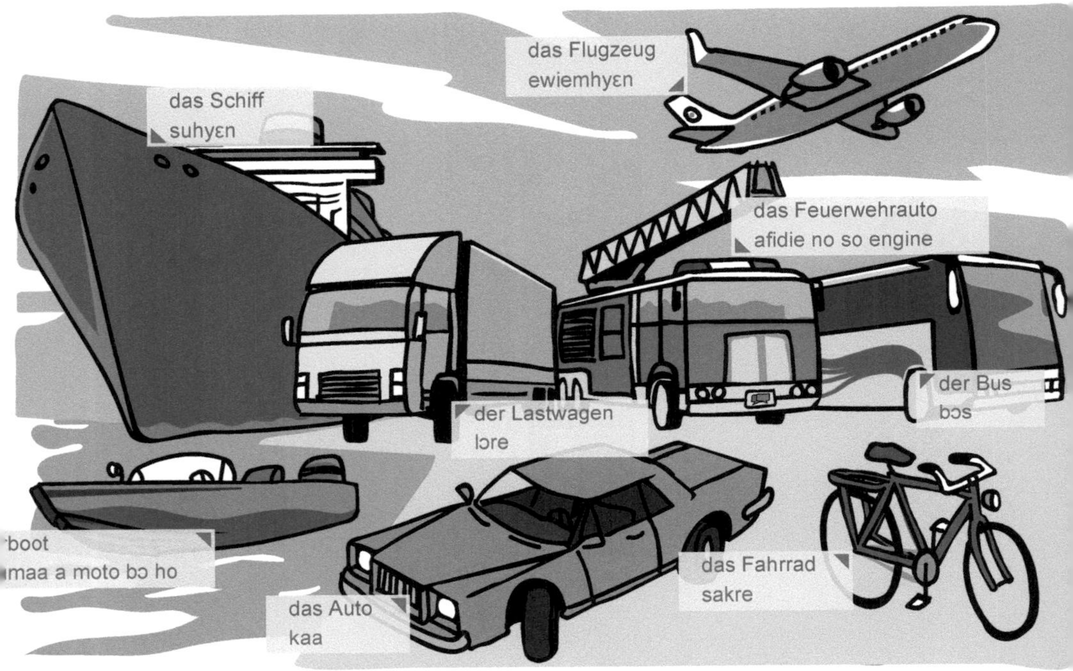

das Flugzeug
ewiemhyɛn
das Schiff
suhyɛn
das Feuerwehrauto
afidie no so engine
der Lastwagen
lɔre
der Bus
bɔs
boot
maa a moto bɔ ho
das Fahrrad
sakre
das Auto
kaa


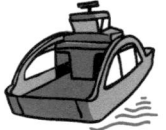

die Fähre

hyɛma

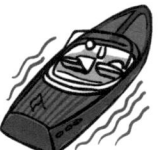

das Boot

suhyɛn kumaa

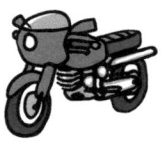

das Motorrad

motosakre

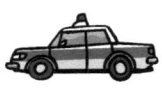

das Polizeiauto

polisifoɔ kaa

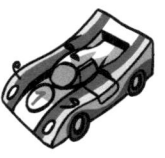

das Rennauto

kaa a ɛkɔ mirika akansie

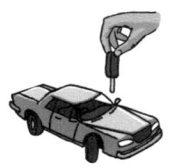

der Mietwagen

kaa a yɛde ma ahan

das Carsharing

wɔre kyɛ kaa

der Abschleppwagen

lɔre a asɛeɛ

das Müllauto

bɔɔla kaa

der Motor

moto

der Kraftstoff

pɛtro

die Tankstelle

baabi a yɛbu pɛtro

das Verkehrsschild

trafik ahyɛnsodeɛ

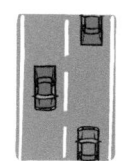

der Verkehr

trafik

der Stau

trafik akye

der Parkplatz

baabi a yɛde kaa esi

der Bahnhof

keteke gyinabea

die Schienen

keteke kwan

der Zug

keteke

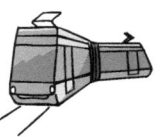

die Straßenbahn

tram

der Wagon

ponkɔ kaa

der Helikopter

helikopta

der Flughafen

ewiemhyɛnbea

der Tower

abansoro

der Passagier

apasingyani

der Container

tontowa

der Karton

adaka

der Karren

kaate

der Korb

kɛntɛn

starten / landen

atu / asi fam

## die Stadt
## kuro kɛseɛ

das Dorf

akurase

das Stadtzentrum

kuro dwaberɛ mu

das Haus

efie

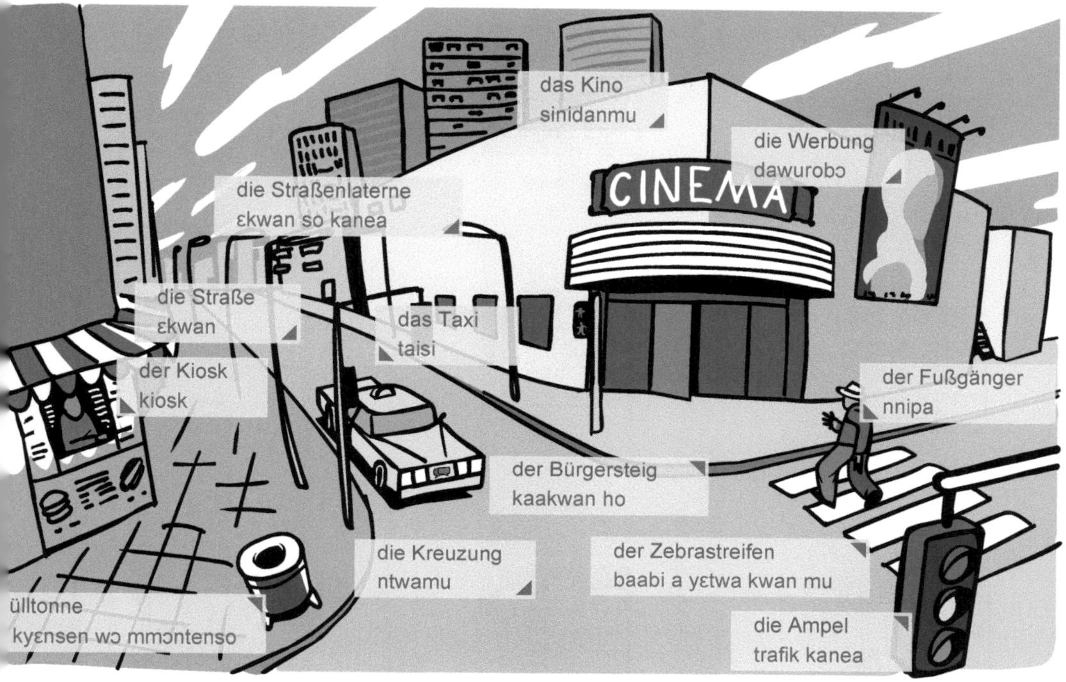
das Kino
sinidanmu
die Werbung
dawurobɔ
CINEMA
die Straßenlaterne
ɛkwan so kanea
die Straße
ɛkwan
das Taxi
taisi
der Kiosk
kiosk
der Fußgänger
nnipa
der Bürgersteig
kaakwan ho
die Kreuzung
ntwamu
der Zebrastreifen
baabi a yɛtwa kwan mu
ülltonne
kyɛnsen wɔ mmɔntenso
die Ampel
trafik kanea

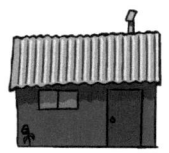

die Hütte

apata

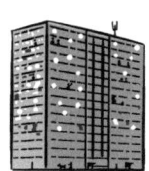

die Wohnung

efie

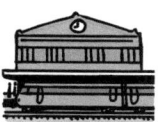

der Bahnhof

keteke gyinabea

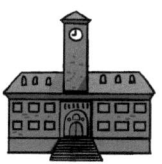

das Rathaus

adwaberɛm

MUSEUM

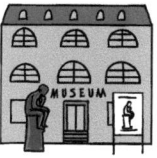

das Museum

bea a yɛ kora tete nneɛma

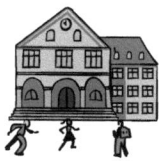

die Schule

sukuu

die Universität
suapɔn

die Bank
sikakrobea

das Krankenhaus
ayaresabea

das Hotel
ahɔhogyebea

die Apotheke
famasi

das Büro
asoeɛ

die Buchhandlung
sotɔɔ a wotɔn nwoma

das Geschäft
sotɔɔ

der Blumenladen
baabi yɛtɔn nhwiren

der Supermarkt
sotɔɔpɔn

der Markt
edwam

das Kaufhaus
sotɔɔ kɛseɛ

der Fischhändler
baabi a yɛtɔn mpataa

das Einkaufszentrum
dwadibea kɛseɛ

der Hafen
suhyɛn gyinabea

die Stadt - kuro kɛseɛ

der Park

baabi kaa gyina

die Bank

bɛnkye

die Brücke

ɛtwene

die Treppe

atwedeɛ

die U-Bahn

asaase ase

der Tunnel

ɛbɔn

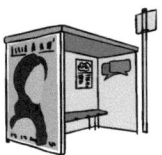

die Bushaltestelle

baabi a bɔs gyina

die Bar

nsanombea

das Restaurant

adidibea

der Briefkasten

lɛta adaka

das Straßenschild

ɛkwan so akwankyerɛ

die Parkuhr

baabi kaa gyina ho mita

der Zoo

zoo

die Badeanstalt

nsuo a yɛ dware mu

die Moschee

nkramodan

der Bauernhof

afuo

die Umweltverschmutzung

deɛ egu mmɔnten so fi

der Friedhof

asieɛ

die Kirche

asɔre

der Spielplatz

agodibea

der Tempel

asɔre dan

## die Landschaft

## mmɔnten so asiesie

das Blatt
ahaban

der Wegweiser
sanbɔd

der Weg
kwan

die Wiese
asaase a ɛsere wɔ so

der Stein
boba

der Baum
dua

der Wanderer
ɔnantefoɔ

der Fluss
asubɔnten

das Gras
ɛserɛ

die Blume
nhwiren

das Tal
amenamu

der Berg
bepɔ

der See
tadeɛ

der Wald
kwaeɛ

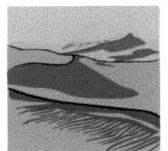

die Wüste
ɛserɛ so

der Vulkan
egya a efri botan mu

das Schloss
abankɛseɛ

der Regenbogen
nyankontɔn

der Pilz
emere

die Palme
abɛtene

der Moskito
ntomntom

die Fliege
tu

die Ameise
ntɛtea

die Biene
wowa

die Spinne
ananse

die Landschaft - mmɔnten so asiesie

der Käfer

amankuo

der Frosch

apɔnkyerɛni

das Eichhörnchen

opuro

der Igel

apɛsɛ

der Hase

adanko

die Eule

patuo

die Vogel

anomaa

der Schwan

nsuo mu dabodabo

das Wildschwein

kɔkɔte

der Hirsch

adoa

der Elch

ɔtweenini

der Staudamm

dam

das Windrad

wind turbine afidie

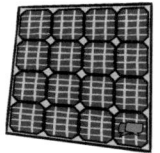

das Solarmodul

afidie a ɛkye awia

das Klima

wiem nsakraeɛ

die Landschaft - mmɔnten so asiesie

# das Restaurant
## adidibea

der Kellner
ɔsom adidieɛ
die Speisekarte
aduane a ɛwɔ hɔ
der Stuhl
akonwa
die Suppe
nkwan
die Pizza
pisa
die Tischdecke
ntoma a ɛse pono so
das Besteck
ntere a yɛde didi

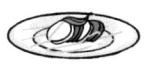

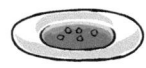

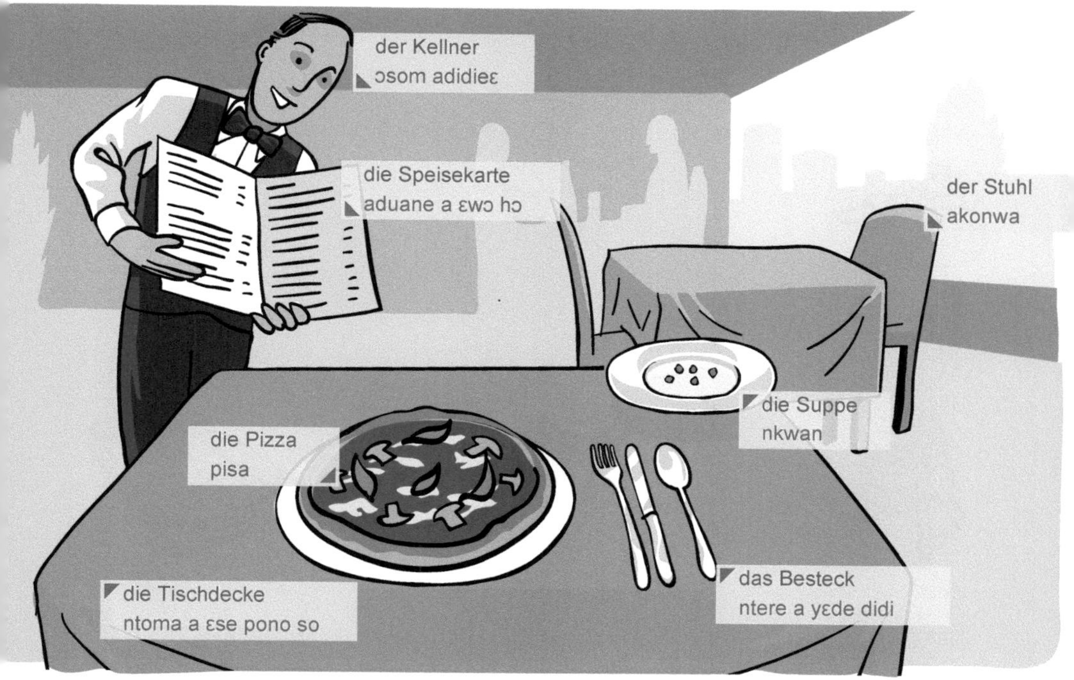

die Vorspeise
mprampra anom

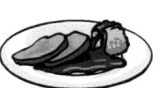

das Hauptgericht
aduane no ankasa

die Nachspeise
mpa anom

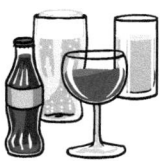

die Getränke
nsa

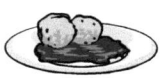

das Essen
aduane

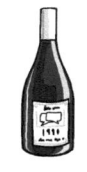

die Flasche
toa

das Fastfood

aduane hyewhyew

das Streetfood

abɔnten so aduane

die Teekanne

tii kukuo

die Zuckerdose

asikyire konko

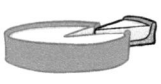

die Portion

wo kyɛfa

die Espressomaschine

espresso afidie

der Hochstuhl

akonwa tenten

die Rechnung

wo ka

das Tablett

apanpan

das Messer

sekan

die Gabel

adinam

der Löffel

atere

der Teelöffel

atere ketewa

die Serviette

napkin a yɛde pepa ano

das Glas

glase

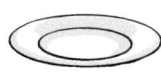

der Teller
prɛte

der Suppenteller
kwan kyɛnsee

die Untertasse
prɛte ketewa

die Sauce
abomu

der Salzstreuer
nkyene kukuo

die Pfeffermühle
yɛde yam mako

der Essig
fenega

das Öl
anwa

die Gewürze
aduhwam

das Ketchup
kɛkyɔp

der Senf
mustad

die Mayonnaise
mayones

# der Supermarkt
# sotɔɔpɔn

das Angebot
ntesoɔ soronko
der Kunde
adetɔfoɔ
die Milchprodukte
nanatwie nufusuo
das Obst
aduaba
der Einkaufswagen
hwiili
FOR


BUTCHERS


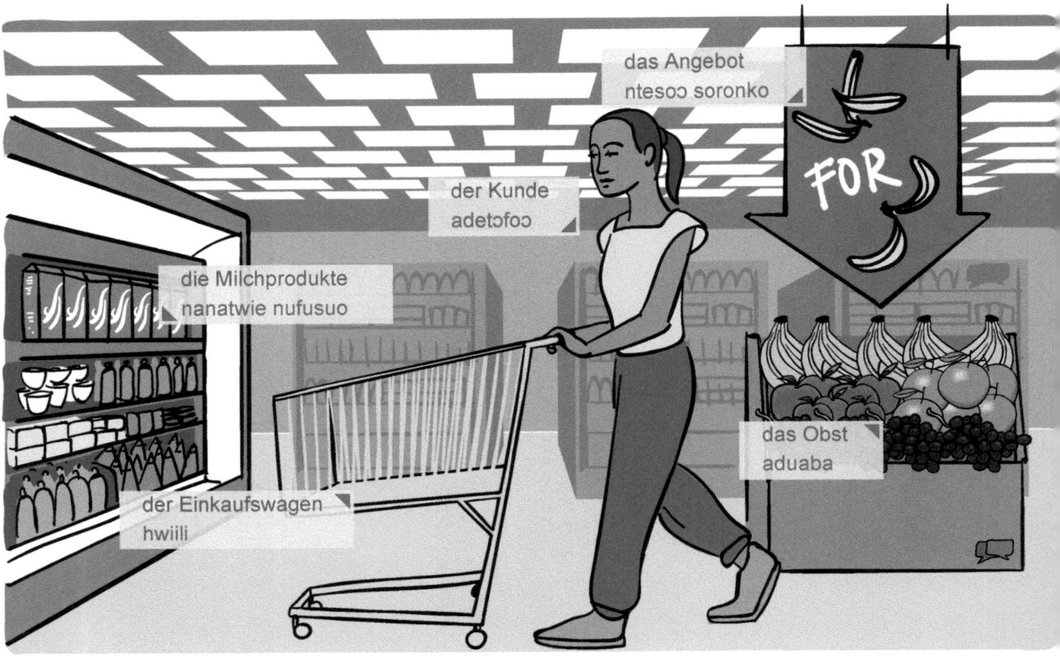

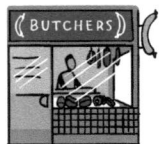

die Schlachterei

baabi a yɛtɔn nam

BAKERY


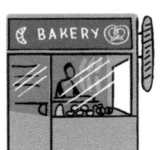

die Bäckerei

baabi a yɛtɔn paano

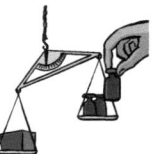

wiegen

susu

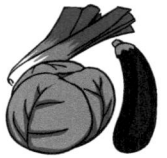

das Gemüse

atosodeɛ

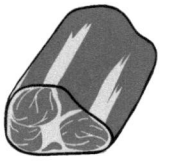

das Fleisch

nam

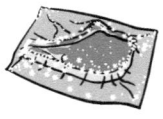

die Tiefkühlkost

frigyemu aduane

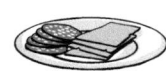

der Aufschnitt

nam a adwoɔ

die Konserven

kyɛnsee mu aduane

das Waschmittel

paoda samena

die Süßigkeiten

adedɔkɔdɔkɔ

die Haushaltsartikel

efie nneɛma

das Reinigungsmittel

adetɔneɛ a yɛde pepa fin

die Verkäuferin

nnipa a ɔtɔn adeɛ

die Kasse

afidie a egye sika

der Kassierer

ɔgyegye sika

die Einkaufsliste

krataa a wodi rekɔ di dwa

die Öffnungszeiten

berɛ a wɔde bua

die Brieftasche

sikabotɔ

die Kreditkarte

kaade a yɛde yi sika

die Tasche

baage

die Plastiktüte

rɔba baage

# die Getränke

## nsa

das Wasser

nsuo

der Saft

aduaba mu nsuo

die Milch

nufusuo

die Cola

kok

der Wein

wain nsa

das Bier

biya

der Alkohol

mmorosa

der Kakao

kokoo

der Tee

tii

der Kaffee

kofe

der Espresso

espresso

der Cappuccino

kapukyino

die Banane

kwadu

der Apfel

apol

die Orange

ankaa

die Melone

melon

die Zitrone

akutɔɔ

die Karotte

karɔt

der Knoblauch

garlik

der Bambus

pampro

die Zwiebel

gyeene

der Pilz

mmere

die Nüsse

nkateɛ

die Nudeln

talia

die Spaghetti

spageti

der Reis

ɛmo

der Salat

salad

die Pommes frites

kyipis

die Bratkartoffeln

abrɔdwomaa a y'akye

die Pizza

pisa

der Hamburger

hambɔga

das Sandwich

sanwekye

das Schnitzel

nam a dompe nnim

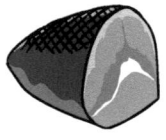

der Schinken

preko nam

die Salami

nam a y'ahata

die Wurst

sɔsege

das Huhn

akokɔ

der Braten

toto

der Fisch

apataa

die Haferflocken

oosu koko

das Müsli

muesli

die Cornflakes

konflese

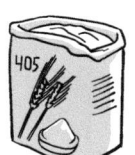

das Mehl

esam

das Croissant

krossant

das Brötchen

paano a y'abobɔ

das Brot

paano

der Toast

paano a y'atoto

die Kekse

biskete

die Butter

bɔta

der Quark

nufusuo a ada

der Kuchen

keeke

das Ei

kosua

das Spiegelei

kosua a y'akyeɛ

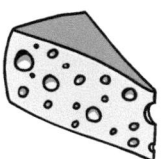

der Käse

kyiis

die Eiscreme

asskrim

der Zucker

asikyire

der Honig

ɛwoɔ

die Marmelade

gyaam

die Nougat-Creme

kyokolete

das Curry

kɔri

# der Bauernhof
## afuo

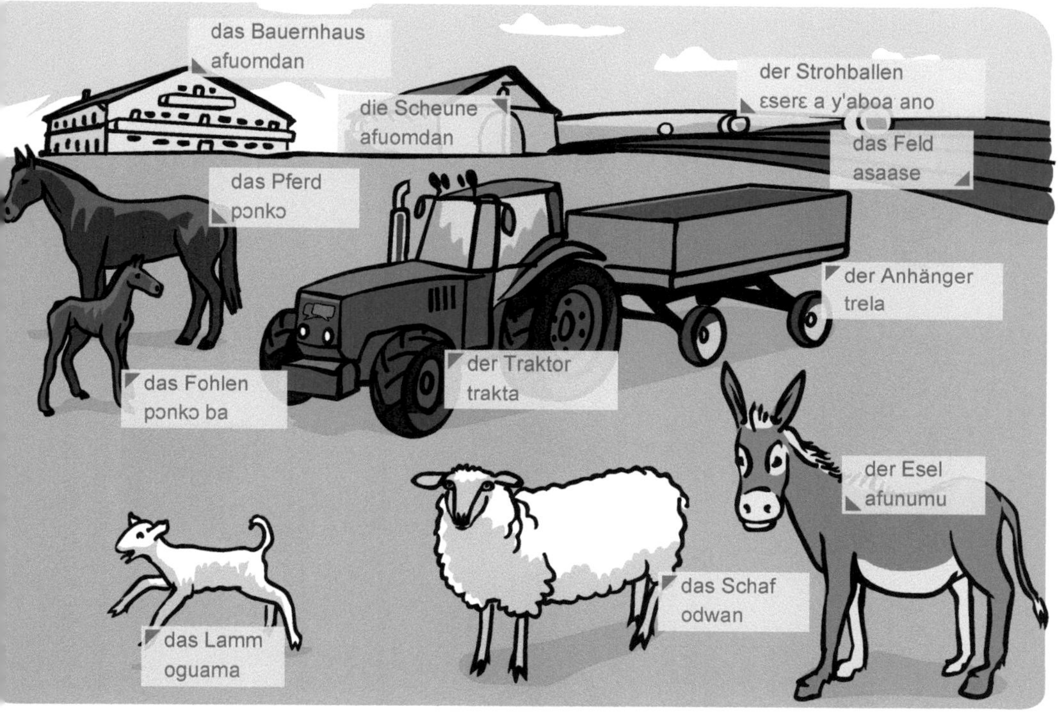
das Bauernhaus
afuomdan
die Scheune
afuomdan
der Strohballen
ɛserɛ a y'aboa ano
das Feld
asaase
das Pferd
pɔnkɔ
der Anhänger
trela
der Traktor
trakta
das Fohlen
pɔnkɔ ba
der Esel
afunumu
das Schaf
odwan
das Lamm
oguama

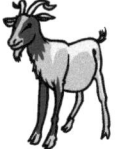

die Ziege
apɔnkye

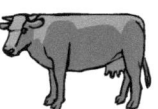

die Kuh
nantwie

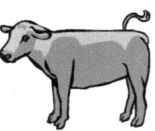

das Kalb
nantwie ba

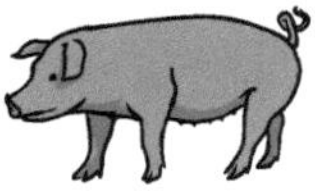

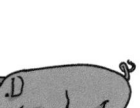

das Schwein
prɛko

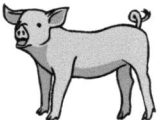

das Ferkel
prɛko ba

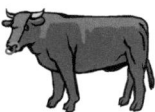

der Bulle
nantwinini

die Gans

dabodabo nua

die Ente

dabodabo

das Küken

akokɔba

das Huhn

akokɔbedeɛ

der Hahn

akokɔnini

die Ratte

kusie

die Katze

ɔkra

die Maus

akura

der Ochse

nantwinini

der Hund

kraman

die Hundehütte

kraman buo

der Gartenschlauch

afuom drobɛn

die Gießkanne

tontora a yɛde gu nsuo

die Sense

sekan a yɛde twa aburo

der Pflug

funtum dadeɛ

der Bauernhof - afuo

die Sichel

kɔntɔnkrɔ

die Hacke

asɔ

die Mistgabel

afuom adinam

die Axt

akuma

die Schubkarre

hweebaro

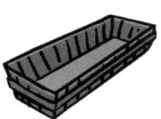

der Trog

adidika

die Milchkanne

nufusuo konko

der Sack

bɔtɔ

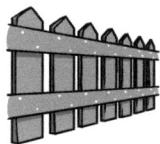

der Zaun

ɛban

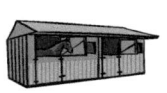

der Stall

pɔnkɔ dan

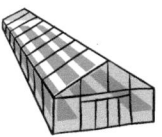

das Treibhaus

ntomadan a yɛyɛ mu afuo

der Boden

anwea

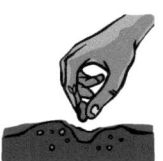

die Saat

aba

der Dünger

ɔyɛ asaaseyie

der Mähdrescher

otwaberɛ trakta

ernten
.................
twa

die Ernte
.................
otwaberɛ

die Yamswurzel
.................
bayerɛ

der Weizen
.................
ayuo

das Soja
.................
soya

die Kartoffel
.................
abrɔdwomaa

der Mais
.................
aburo

der Raps
.................
repu aba

der Obstbaum
.................
dua a ɛso aba

der Maniok
.................
bankye

das Getreide
.................
aburo asefoɔ

# das Haus

# efie

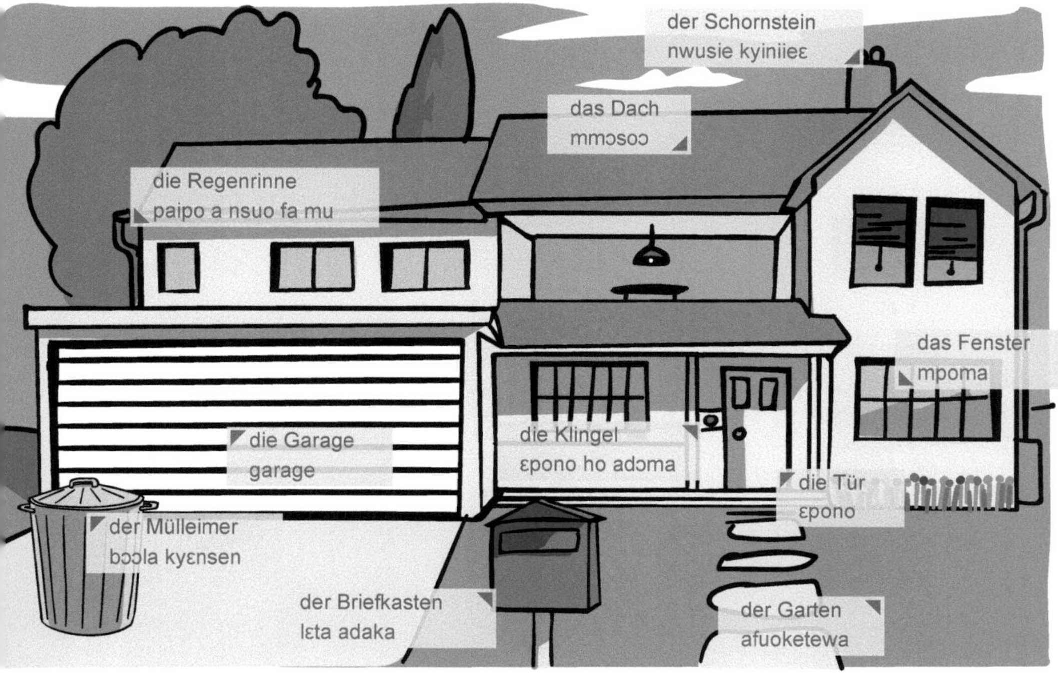
der Schornstein
nwusie kyiniieɛ
das Dach
mmɔsoɔ
die Regenrinne
paipo a nsuo fa mu
das Fenster
mpoma
die Garage
garage
die Klingel
ɛpono ho adɔma
die Tür
ɛpono
der Mülleimer
bɔɔla kyɛnsen
der Briefkasten
lɛta adaka
der Garten
afuoketewa

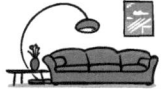

das Wohnzimmer

asaso

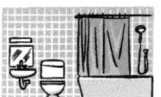

das Badezimmer

adwareɛ

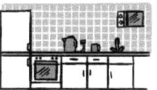

die Küche

mukaase

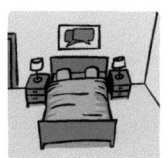

das Schlafzimmer

pie mu

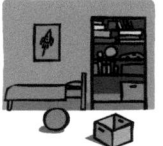

das Kinderzimmer

nkwadaa dan mu

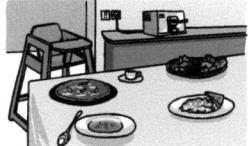

das Esszimmer

dan a yɛdidi mu

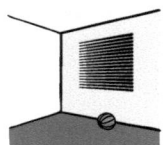

der Boden

εfam

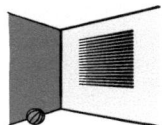

die Wand

εban

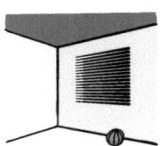

die Decke

abruuso

der Keller

danbloo

die Sauna

adwereε a εbɔ ɔhyew

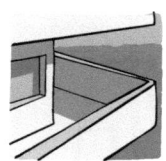

der Balkon

abranaa

die Terrasse

abranaaso

das Schwimmbad

nsuo a yεdware mu

der Rasenmäher

afidie a yεde dɔ

der Bettbezug

nsεfam

die Bettdecke

ntoma a εse kεtε so

das Bett

mpa

der Besen

prayε

der Eimer

bokiti

der Schalter

dane

# das Wohnzimmer

## asaso

die Tapete
krataa a ɛfam dan ho
das Bild
nfonin
die Lampe
kanea
das Regal
kɔbɔd
der Schrank
kɔbɔd adaka
der Fernseher
tiivi
der Kamin
egya dabrɛ
die Blume
nhwiren
das Kissen
kuhyɛn
das Sofa
akonwa kɛseɛ
die Vase
kukuo a nhwiren hye mu
die Fernbedienung
remote

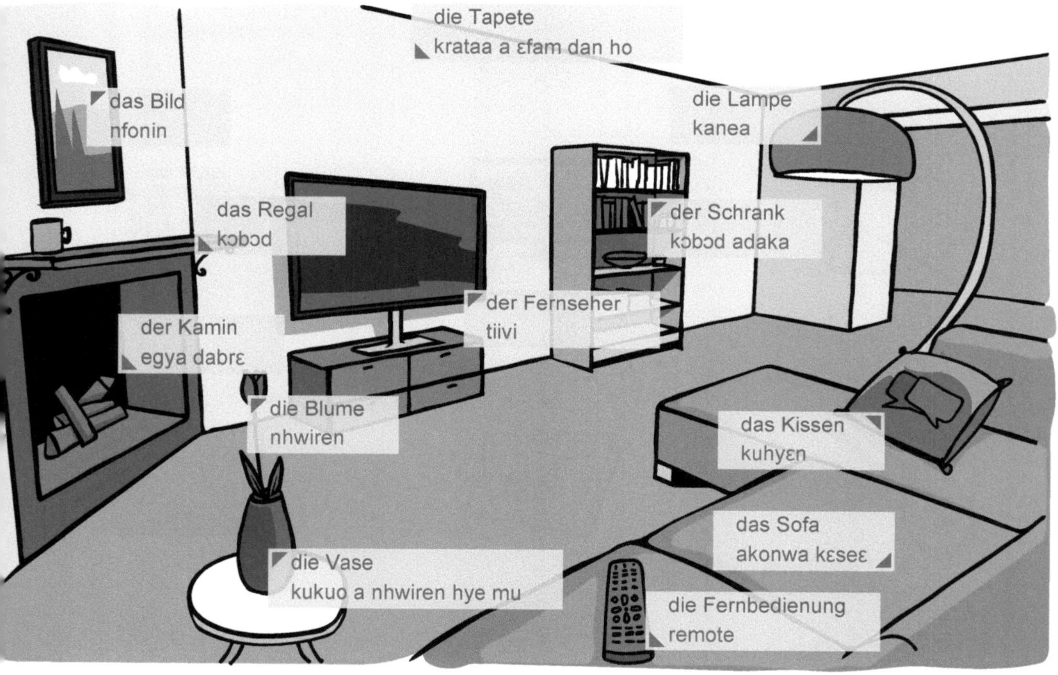

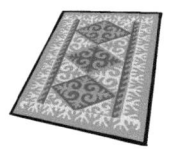

der Teppich

kapɛte

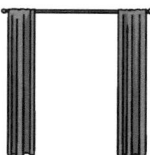

der Vorhang

ntwaa dan mu

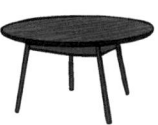

der Tisch

ɛpono

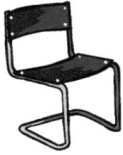

der Stuhl

akonwa

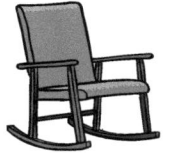

der Schaukelstuhl

akonwa a ehinhim

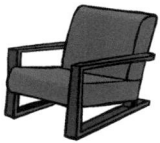

der Sessel

akonwa a yɛgyegye dan

das Buch
nwoma

die Decke
kuntu

die Dekoration
dan mu nsiesie

das Feuerholz
egya

der Film
sini

die Stereoanlage
wailɛs

der Schlüssel
safoa

die Zeitung
koowaa krataa

das Gemälde
nfonin a y'adwi

das Poster
nfam danho

das Radio
radio

der Notizblock
krataa a yɛ twere mu

der Staubsauger
afidie a ɛprapra

der Kaktus
kaktus

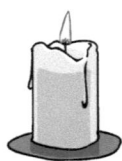

die Kerze
kyɛnere

# die Küche
# mukaase

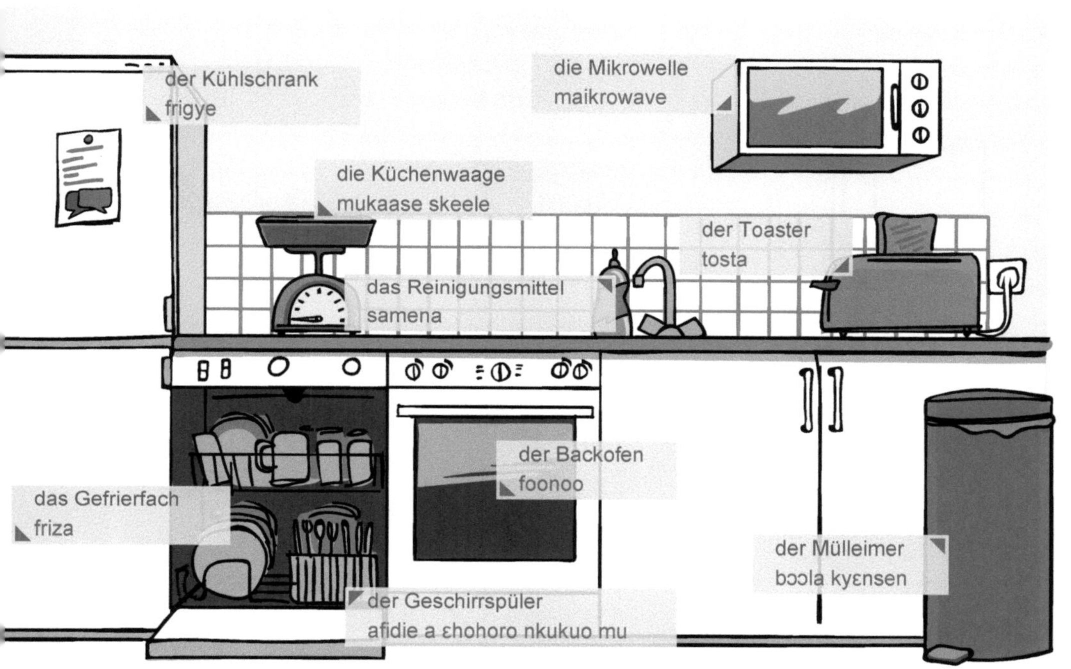
der Kühlschrank
frigye
die Mikrowelle
maikrowave
die Küchenwaage
mukaase skeele
der Toaster
tosta
das Reinigungsmittel
samena
der Backofen
foonoo
das Gefrierfach
friza
der Mülleimer
bɔɔla kyɛnsen
der Geschirrspüler
afidie a ɛhohoro nkukuo mu

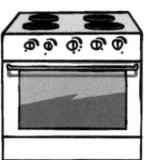

der Herd

abɛɛfo bukyea

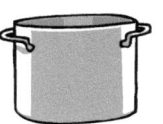

der Topf

kokuo

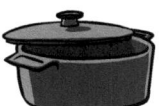

der Eisentopf

dadesɛn

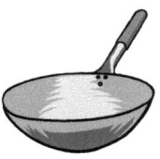

der Wok / Kadai

wok / kadai

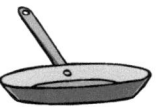

die Pfanne

kyɛnsee

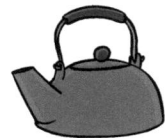

der Wasserkocher

nsuo hyeɛ afidie

der Dampfgarer

stiima

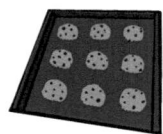

das Backblech

apa a yɛ to so adeɛ

das Geschirr

prɛte, kuruwa, ntere ne nea ɛkeka ho

der Becher

kuruwa a etumi bɔ

die Schale

kyɛnsee

die Essstäbchen

nnua a yɛde didi

die Suppenkelle

kwantre

der Pfannenwender

dua atere

der Schneebesen

yɛde nu adeɛ mu

das Kochsieb

sɔneɛ

das Sieb

fefe

die Reibe

greta

der Mörser

waduro

der Grill

kyinkyinga

die Feuerstelle

bukyea

das Schneidebrett

εpono a yε twitwaso adeε

das Nudelholz

εta

der Korkenzieher

deε yεtu nsa so

die Dose

konko

der Dosenöffner

deε yεde bue konko so

der Topflappen

yεde sɔ kukuo mu

das Waschbecken

sink

die Bürste

brɔhye

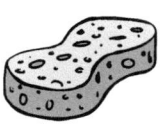

der Schwamm

sapɔ

der Mixer

aduane yam fidie

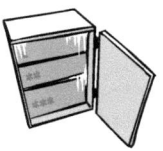

die Gefriertruhe

friza nini

die Babyflasche

toa a abɔdoma nom ano

der Wasserhahn

paipo

die Küche  -  mukaase

# das Badezimmer
## adwareɛ

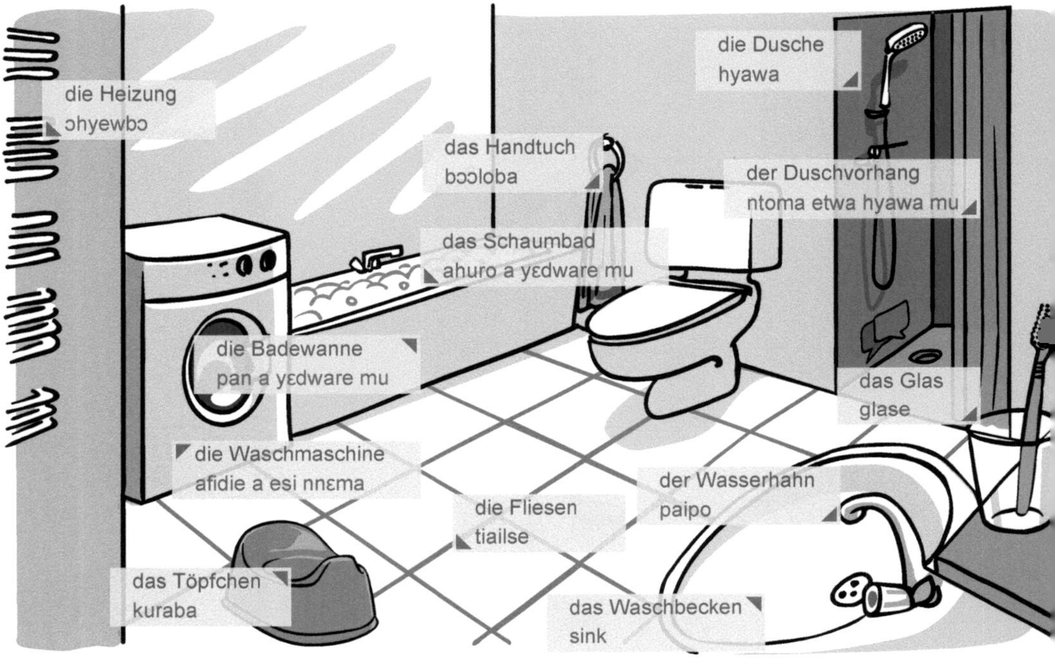

die Heizung
ɔhyewbɔ

die Dusche
hyawa

das Handtuch
bɔɔloba

der Duschvorhang
ntoma etwa hyawa mu

das Schaumbad
ahuro a yɛdware mu

die Badewanne
pan a yɛdware mu

das Glas
glase

die Waschmaschine
afidie a esi nnɛma

der Wasserhahn
paipo

die Fliesen
tiailse

das Töpfchen
kuraba

das Waschbecken
sink

die Toilette
teɛfi

die Hocktoilette
teɛfi a yɛ koto so

das Bidet
bidet teɛfi

das Pissoir
dwonsɔ dan

das Toilettenpapier
teɛfi so krataa

die Toilettenbürste
teɛfi so brɔhye

die Zahnbürste

brɔhye a yɛde twitwiri see

die Zahnpasta

aduro a yɛde twitwiri see

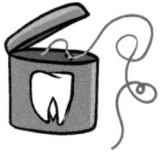

die Zahnseide

yɛde yiyi ɛsee mu

waschen

si

die Handbrause

hyawa a yɛsɔ mu

die Intimdusche

paipo a yɛde hohoro
ananmu

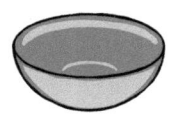

die Waschschüssel

bokiti

die Rückenbürste

brɔhye a wode dware w'akyi

die Seife

samena

das Duschgel

hyawa samena

das Shampoo

nsuo samena

der Waschlappen

flanɛl ntoma

der Abfluss

baabi a nsu fa pue

die Creme

nku

das Deodorant

yɛde fefa amotoamu

der Spiegel

ahwehwɛ

der Kosmetikspiegel

ahwehwɛ a yɛsɔ mu

der Rasierer

bled

der Rasierschaum

ahuro a yɛde yi nwi

das Rasierwasser

aduro a yɛde fefa baabi a
wo ayi nwi

der Kamm

afen

die Bürste

brɔhye

der Föhn

afidie a ɛwo nwi

das Haarspray

enwi sopre

das Makeup

pɔns

der Lippenstift

lipstike

der Nagellack

penti a yɛde mɔreɛ so

die Watte

asaawa

die Nagelschere

apasɔɔ a etwa mmɔreɛ

das Parfum

aduhwam

der Kulturbeutel

adwareɛ baage

der Hocker

edwa

die Waage

skele

der Bademantel

adwereɛ ataadeɛ

die Gummihandschuhe

rɔba a yɛde hyɛ nsa ho

das Tampon

tampon

die Damenbinde

abɛɛfo amonsen

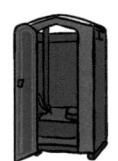

die Chemietoilette

teɛfi a aduro gum

# das Kinderzimmer

# nkwadaa dan mu

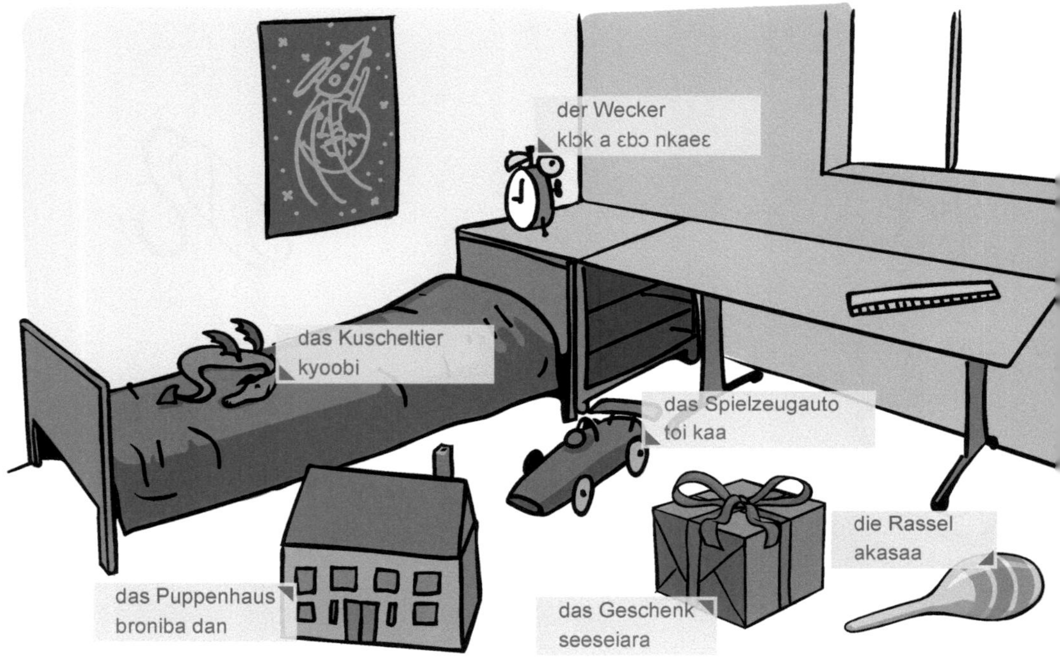
der Wecker
klɔk a ɛbɔ nkaeɛ
das Kuscheltier
kyoobi
das Spielzeugauto
toi kaa
die Rassel
akasaa
das Puppenhaus
broniba dan
das Geschenk
seeseiara

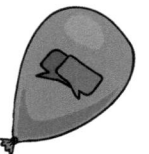

der Ballon

baaluu

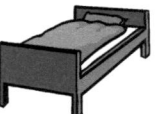

das Bett

mpa

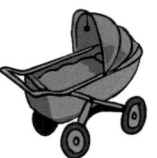

der Kinderwagen

nkwadaa kaa

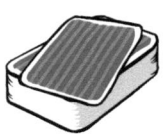

das Kartenspiel

sopaa

das Puzzle

gyiksɔɔ

SUPER MEGA

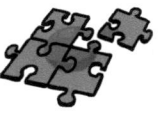

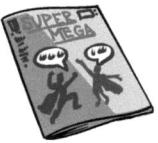

der Comic

nsɛnkwa

die Legosteine

lego blɔg

die Bausteine

blɔg a yɛde si dan

die Action Figur

nnipa ɔbɔhye

der Strampelanzug

abɔdoma ataadeɛ

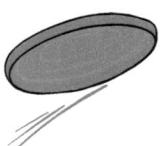

das Frisbee

frisbee

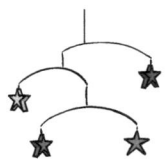

das Mobile

mobail

das Brettspiel

ponoso agodie

der Würfel

daahye

die Modelleisenbahn

nkwadaa keteke

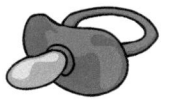

der Schnuller

koliko

die Party

apontoɔ

das Bilderbuch

nfonin nwoma

der Ball

bɔɔlo

die Puppe

broniba

spielen

di agorɔ

der Sandkasten

anwea adaka

die Schaukel

adonko

das Spielzeug

tois

die Spielkonsole

video agodie apaawa

das Dreirad

sakre a ne nan meɛnsa

der Teddy

kyoobi

der Kleiderschrank

wɔdropo

## die Kleidung

## ntaadeɛ

die Socken

sɔks

die Strümpfe

stokens

die Strumpfhose

sekentait

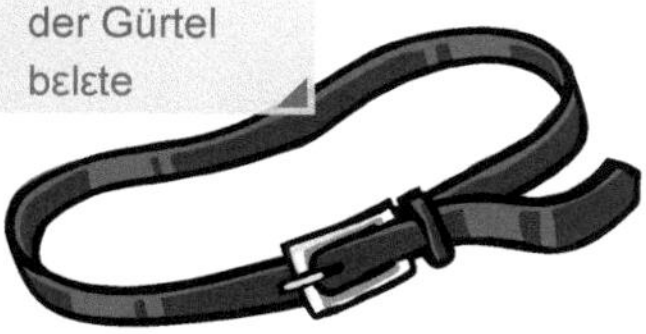

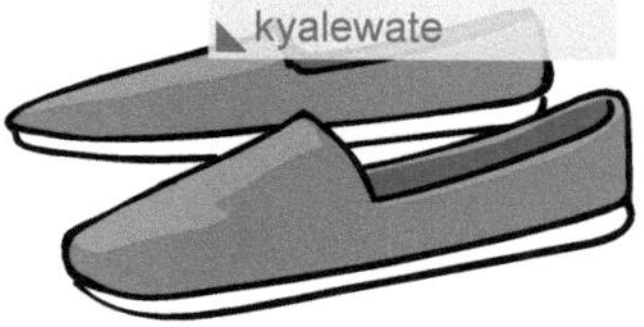

der Schal
duku

der Regenschirm
kyinieɛ

das T-Shirt
t-hyɛɛt

der Gürtel
bɛlɛte

der Stiefel
mpaboa

die Hausschuhe
kyalewate

die Turnschuhe
kamboo

die Sandalen
.............
asopatre

die Schuhe
.............
mpoboa

die Gummistiefel
.............
rɔba mpaboa

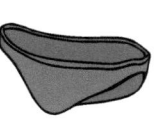

die Unterhose
.............
ɛtam

der Büstenhalter
.............
bra

das Unterhemd
.............
singlɛte

der Body

nipadua

die Hose

trɔsa

die Jeans

gyins

der Rock

sekɛɛt

die Bluse

ɛsoro ataadeɛ

das Hemd

hyɛɛte

der Pullover

nkatoho a ɛko awɔ

der Kapuzenpullover

hoodie

der Blazer

koot

die Jacke

nkatasoɔ

der Mantel

nkatasoɔ

der Regenmantel

nsutɔ mu nkataho

das Kostüm

dwumadie bi ho ataadeɛ

das Kleid

mmaa atadeɛ

das Hochzeitskleid

ayefrɔ ataadeɛ

die Kleidung - ntaadeɛ

der Anzug

kootu

das Nachthemd

mmaa ataadeɛ a yɛde da

der Schlafanzug

pigyamas ataadeɛ

der Sari

sari

das Kopftuch

duku

der Turban

abotire

die Burka

burka

der Kaftan

kaftan

die Abaya

nkramofoɔ mmaa atadeɛ

der Badeanzug

ataadeɛ a yɛde dware nsuo

die Badehose

asenemu ataadeɛ

die kurze Hose

nika

der Trainingsanzug

agokansie ntaadeɛ

die Schürze

akatasoɔ

die Handschuhe

nsa nkataho

die Kleidung - ntaadeɛ

der Knopf

bɔtom

die Brille

sopɛɛse

das Armband

ahwneɛ

die Halskette

komadeɛ

der Ring

kawa

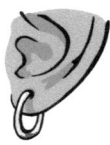

der Ohrring

asomadeɛ

die Mütze

ɛkyɛ

der Kleiderbügel

yɛde koot sɛn so

der Hut

ɛkyɛ

die Krawatte

abɔmene mu

der Reißverschluss

zip

der Helm

ɛkyɛ denden

der Hosenträger

bresis

die Schuluniform

sukuu ataadeɛ

die Uniform

adwuma ataadeɛ

48                    die Kleidung  -  ntaadeɛ

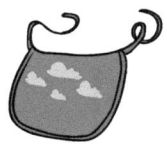

das Lätzchen

mmɔfra bib

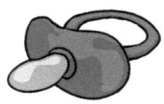

der Schnuller

koliko

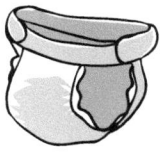

die Windel

nkwadaa napken

# das Büro

## asoeɛ

der Server
sɛɛva
der Aktenschrank
kabenɛt
der Drucker
printa
das Papier
krataa
der Monitor
monita
die Maus
Maws
der Schreibtisch
ɛpono a yɛyɛ so adwuma
der Ordner
nhyemu
die Tastatur
ntwerɛeɛ pono
apierkorb
a yɛde krataa nwura gu mu
der Stuhl
akonwa
der Computer
komputa

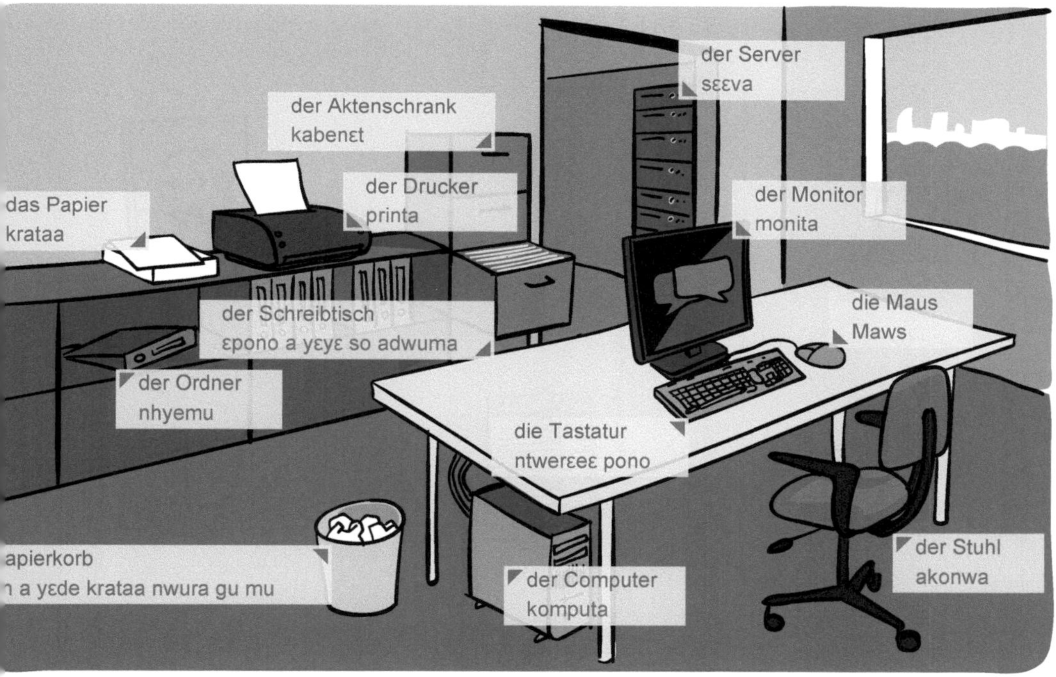

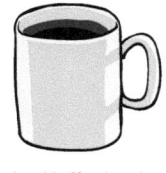

der Kaffeebecher

kɔfe kuruwa

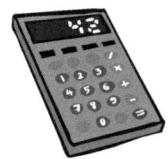

der Taschenrechner

akontabuo fidie

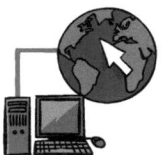

das Internet

intanɛt

der Laptop

laptop

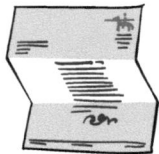

der Brief

lɛta

die Nachricht

nkratɔɔ

das Handy

mobail kasafidie

das Netzwerk

nɛtwɛke

der Kopierer

fotokɔpi

die Software

softwɛɛ

das Telefon

tetefon

die Steckdose

sɔkɛt

das Fax

faks afidie

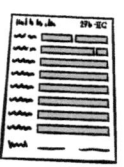

das Formular

katraa

das Dokument

nkrataa

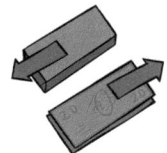

kaufen
................
tɔ

bezahlen
................
tua

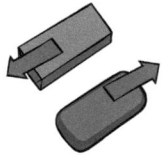

handeln
................
di dwa

das Geld
................
sika

**USD**

der Dollar
................
dollar

**EUR**

der Euro
................
euro

**JPY**

der Yen
................
yen

**RUB**

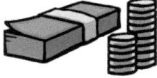

der Rubel
................
rubel

**CHF**

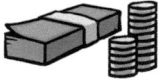

der Franken
................
Swiss franks

**CNY**

der Renminbi Yuan
................
renminbi yuan

**INR**

die Rupie
................
rupii

der Geldautomat
................
baabi yɛtua sika

die Wechselstube

baabi a yɛ sesa sika

das Gold

sika kɔkɔɔ

das Silber

dwetɛ

das Öl

now

die Energie

ahooden

der Preis

ne boɔ

der Vertrag

kontragye

die Steuer

ɛtoɔ

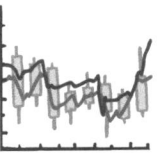

die Aktie

stɔk

arbeiten

adwuma

der Angestellte

adwumayɛni

der Arbeitgeber

adwumawura

die Fabrik

mfididwuma mu

das Geschäft

sotɔɔ

# die Berufe
# nwuma ahodoɔ

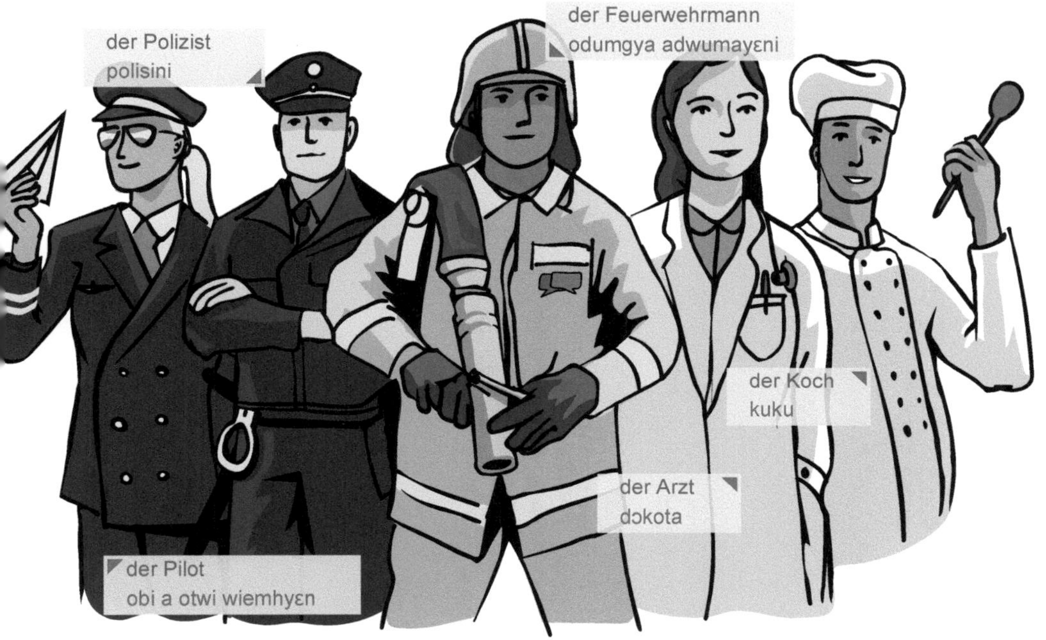
der Polizist
polisini
der Feuerwehrmann
odumgya adwumayɛni
der Koch
kuku
der Arzt
dɔkota
der Pilot
obi a otwi wiemhyɛn

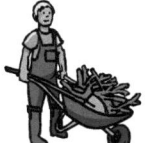

der Gärtner

ɔyɛ afuo

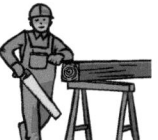

der Tischler

dua dwomfoɔ

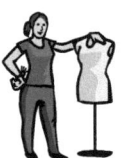

die Näherin

adepani baa

der Richter

atɛnmuafoɔ

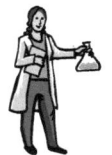

der Chemiker

ɔtɔn nnuro

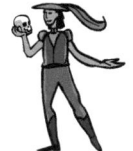

der Schauspieler

sini yɛfoɔ

der Busfahrer

bɔs drɔba

der Taxifahrer

taisi drɔba

der Fischer

ɔpofoɔ

die Putzfrau

ɔbaa a osiesie fie

der Dachdecker

ɔbɔdanso

der Kellner

ɔsom adidieɛ

der Jäger

bɔmɔfoɔ

der Maler

penta

der Bäcker

ɔto paano

der Elektriker

ɔyɛ nkaneɛ ho adwuma

der Bauarbeiter

ɔdansifoɔ

der Ingenieur

inginia

der Schlachter

ɔdwa nam

der Klempner

plɔmba

der Postbote

krataa manefoɔ

54        die Berufe - nwuma ahodoɔ

der Soldat

sogyani

der Architekt

ɔdwi adan

der Kassierer

ɔgyegye sika

der Florist

ɔtɔn nhwiren

der Friseur

ɔyɛ tire

der Schaffner

meeti

der Mechaniker

fitani

der Kapitän

nnipa a otwi suhyɛn

der Zahnarzt

ɛsee dɔkota

der Wissenschaftler

abɔdeɛ mu nimdefoɔ

der Rabbi

rabi

der Imam

kramo panin

der Mönch

ɔsɔfo

der Geistliche

osɔfo

# die Werkzeuge

# anwenade

der Hammer
hama
die Zange
playa
der Schraubendreher
skrudrɔba
die Taschenlamp
abɛɛfo tɛnee
der Schraubenschlüssel
sopana

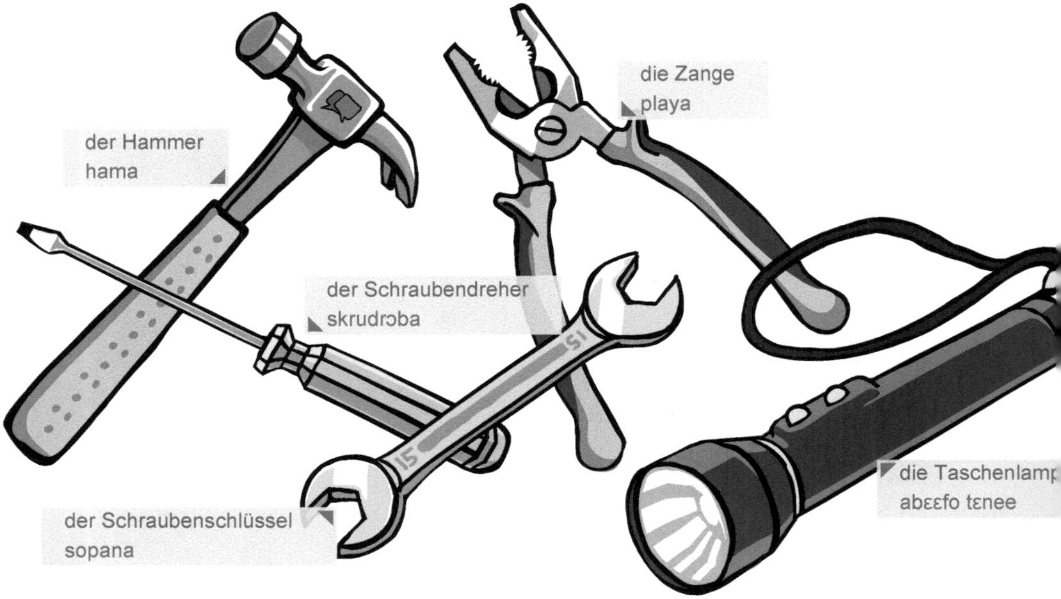

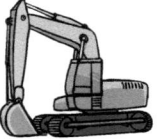

der Bagger

otu amena

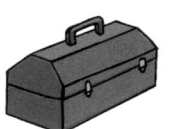

der Werkzeugkasten

anwenade adaka

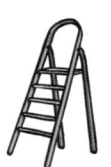

die Leiter

atwedeɛ

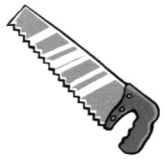

die Säge

asradaa

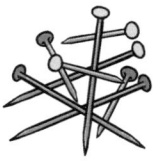

die Nägel

nnadewa

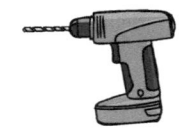

der Bohrer

afidie a yɛde bɔne tokro

reparieren
siesie

die Schaufel
sofi

Mist!
Ebei!

das Kehrblech
asanwura

der Farbtopf
penti kukuo

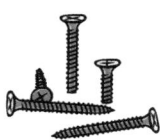

die Schrauben
skruu

## die Musikinstrumente
## nneɛma a yɛde bɔ nwom

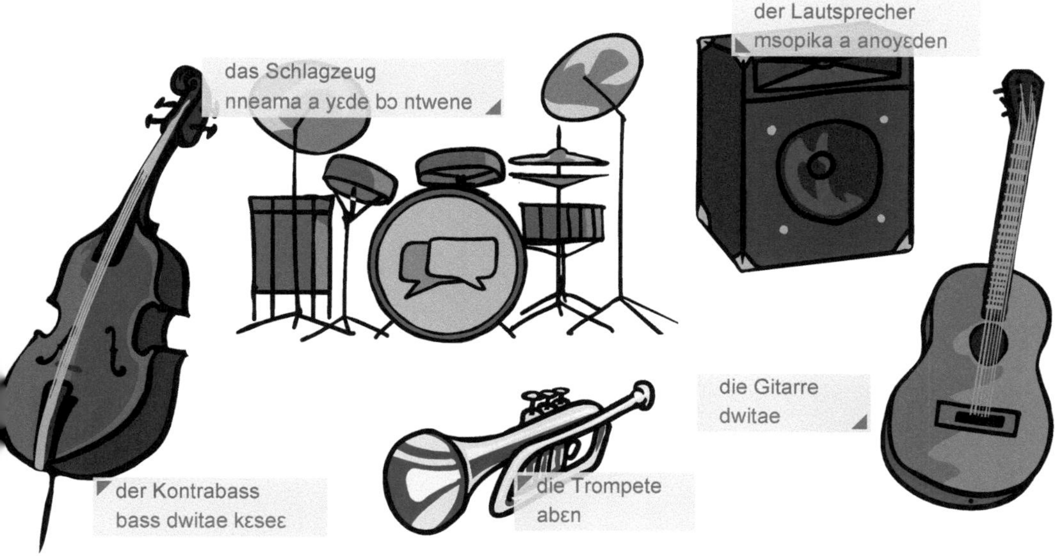

das Schlagzeug
nneama a yɛde bɔ ntwene

der Lautsprecher
msopika a anoyɛden

die Gitarre
dwitae

der Kontrabass
bass dwitae kɛseɛ

die Trompete
abɛn

das Klavier

sankuo

die Violine

ahoma sankuo

der Bass

bass dwitae

die Pauke

atumpan

die Trommeln

ntwene

das Keyboard

ntwerɛeɛ apa

das Saxophon

saksofon

die Flöte

atentenbɛn

das Mikrofon

maikrofon

# der Zoo

## zoo

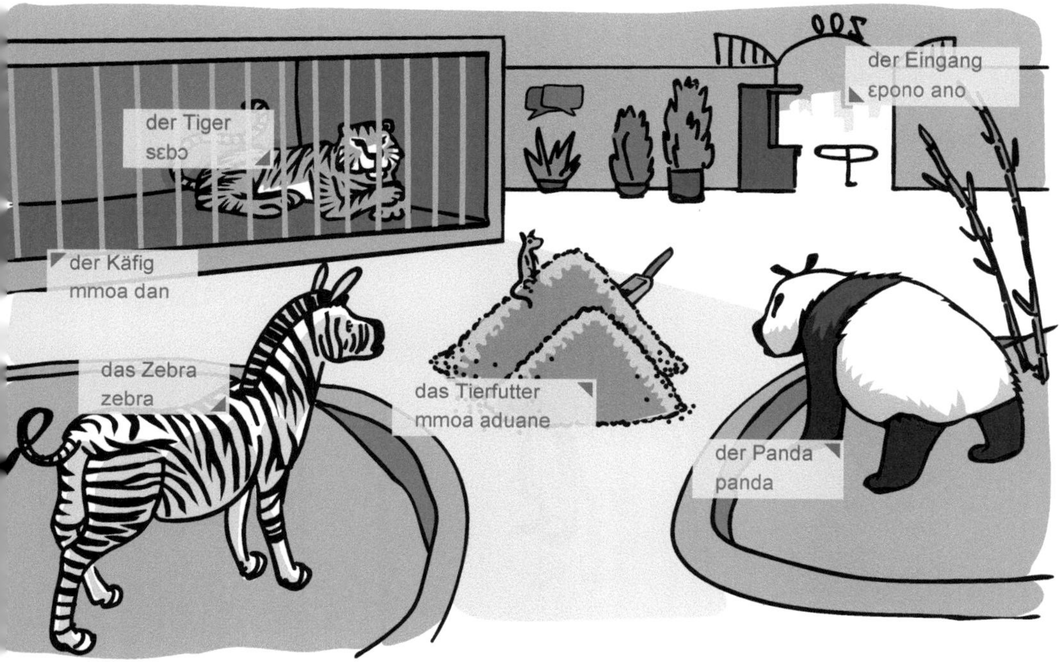
der Tiger
sɛbɔ
der Eingang
ɛpono ano
der Käfig
mmoa dan
das Zebra
zebra
das Tierfutter
mmoa aduane
der Panda
panda

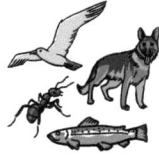

die Tiere

mmoa

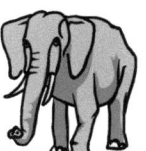

der Elefant

ɔsono

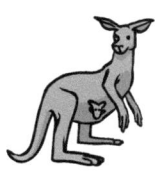

das Känguruh

kangaru

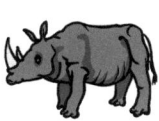

das Nashorn

raino

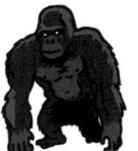

der Gorilla

akatea

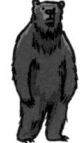

der Bär

sisire

das Kamel

afunupɔnkɔ

der Strauß

sohori

der Löwe

gyata

der Affe

adwee

der Flamingo

flamingo

der Papagei

ako

der Eisbär

awɔ mu sisire

der Pinguin

penguin

der Hai

oboodede

der Pfau

akɔkonini abankwa

die Schlange

wɔwɔ

das Krokodil

dɛnkyɛm

der Zoowärter

nnipa ɛhwɛ zoo so

die Robbe

nsuo mu gyata

der Jaguar

sebɔ

das Pony

ponkɔ ba

der Leopard

etwie

das Nilpferd

susuono

die Giraffe

kɔntenten

der Adler

ɔkɔdeɛ

das Wildschwein

kɔkɔte

der Fisch

apataa

die Schildkröte

sudandan

das Walross

walrus

der Fuchs

sakraman

die Gazelle

ɔtwee

# der Sport
## agokansie

das American Football
Amerikafoɔ futbɔɔlo

das Radfahren
skre twie

das Tennis
tennis

der Basketball
basketbɔɔlo

das Schwimmen
nsuom adwareɛ

das Eishockey
asukɔkyea so hɔki

das Boxen
akutruku

der Fußball

futbɔl

das Badminton

badmintin

die Leichtathletik

mirikatuo

der Handball

bɔɔlo a yɛde nsa bɔ

das Skilaufen

skii

das Polo

polo

# die Aktivitäten
## nwumadie

springen
huri
umarmen
bam
lachen
sere
gehen
nante
singen
to dwom
träumen
so daeɛ
beten
bɔ mpaeɛ
küssen
fe ano

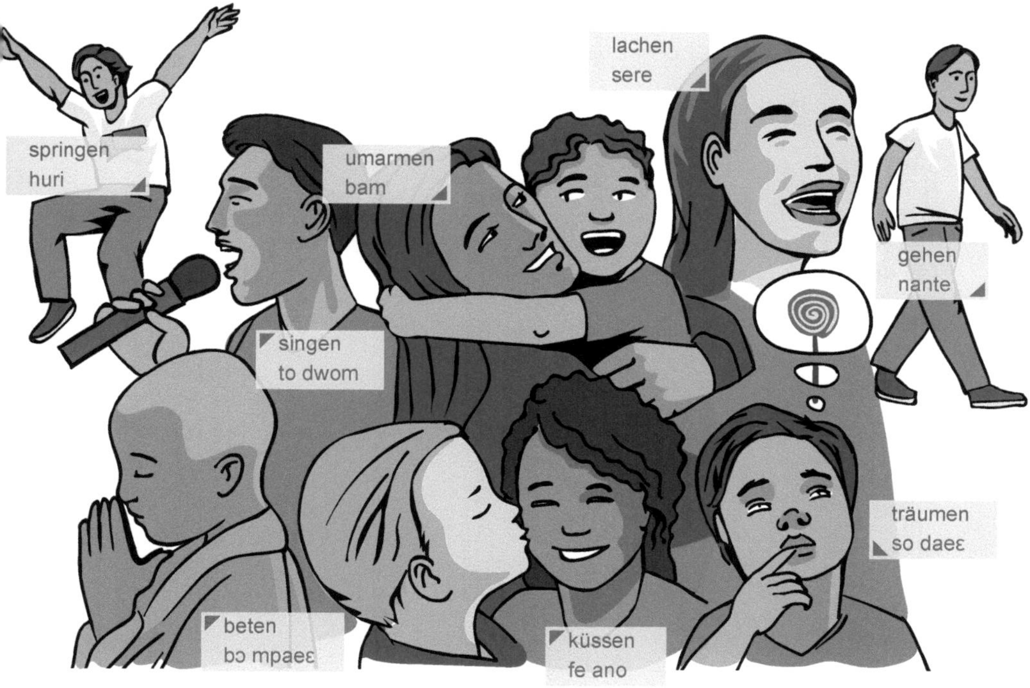

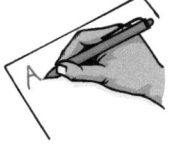

schreiben

twerɛ

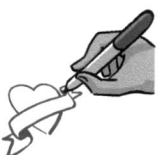

zeichnen

dwi

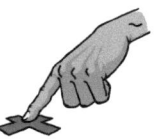

zeigen

kyerɛ

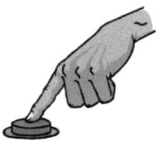

drücken

pia

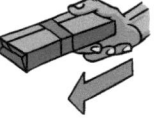

geben

ma

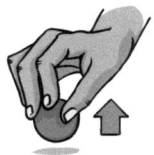

nehmen

fa

haben

nya

tun

yɛ

sein

yɛ

stehen

gyina

laufen

tu mirika

ziehen

twe

werfen

to

fallen

tɔ fam

liegen

da hɔ

warten

twɛn

tragen

soa

sitzen

tenase

anziehen

hyɛ ataadeɛ

schlafen

da

aufwachen

nyane

ansehen

hwɛ

weinen

su

streicheln

san ho

kämmen

nunum

reden

kasa

verstehen

te aseɛ

fragen

bisa

hören

tie

trinken

nom

essen

didi

aufräumen

yɛ nsiesie

lieben

ɔdɔ

kochen

noa

fahren

twi

fliegen

tu

segeln

fa nsuo so

rechnen

sese

lesen

kenkan

lernen

sua

arbeiten

adwuma

heiraten

ware

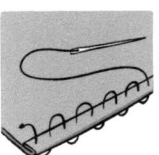

nähen

pam

Zähne putzen

twitwiri wo se

töten

kum

rauchen

nom gyɔt

senden

mane

die Aktivitäten - nwumadie

# die Familie
# abusua

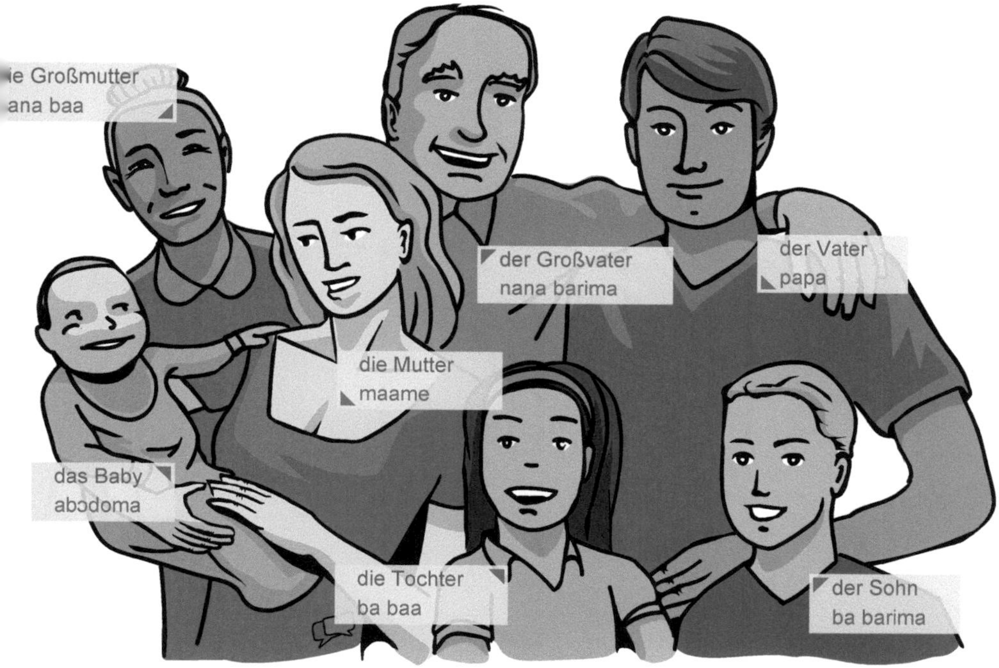

ie Großmutter
ana baa
der Großvater
nana barima
der Vater
papa
die Mutter
maame
das Baby
abɔdoma
die Tochter
ba baa
der Sohn
ba barima


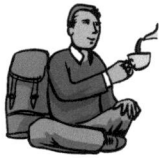

der Gast

ɔhɔhoɔ

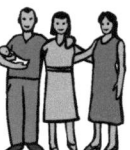

die Tante

sewaa

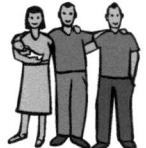

der Onkel

wɔfa

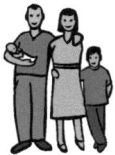

der Bruder

nua barima

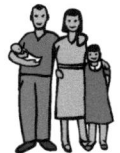

die Schwester

nua baa

# der Körper
# nipadua

die Stirn
moma
das Auge
ani
die Schulter
abɛtire
der Finger
nsatea
das Gesicht
anim
das Kinn
apantan
die Hand
nsa
das Bein
ɛnan
die Brust
nufoɔ
der Arm
nsa


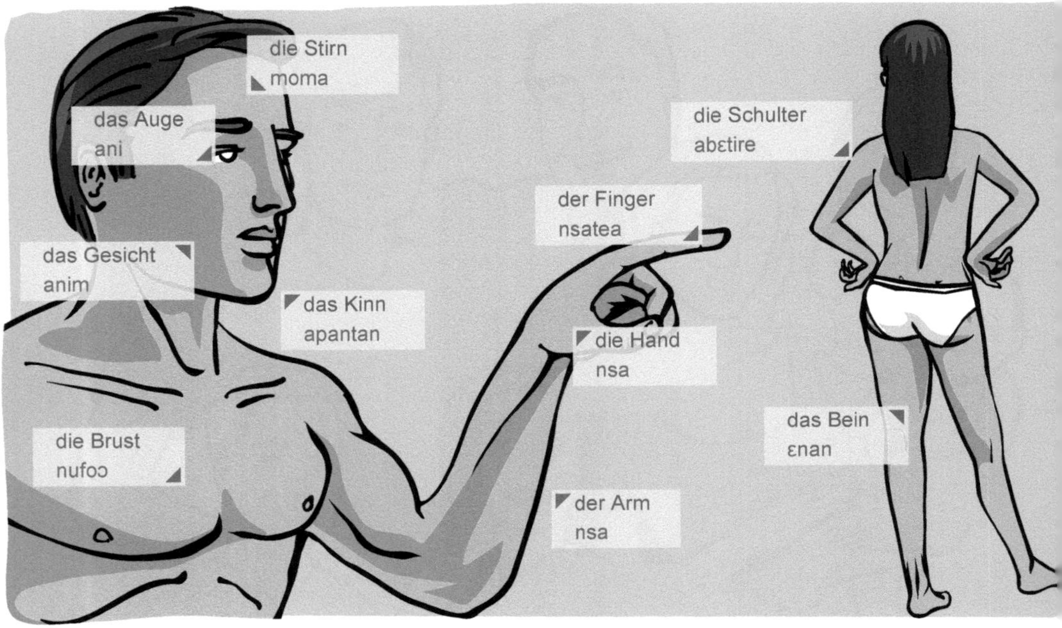

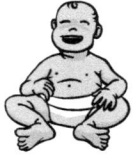

das Baby

abɔdoma

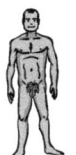

der Mann

barima

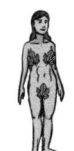

die Frau

ɔbaa

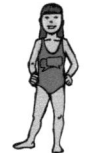

das Mädchen

abayewa

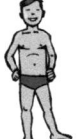

der Junge

abarimawa

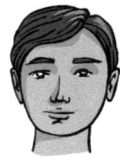

der Kopf

etire

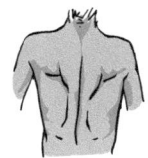

der Rücken

akyi

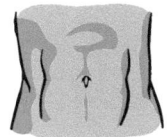

der Bauch

afro

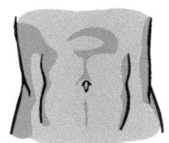

der Nabel

fruma

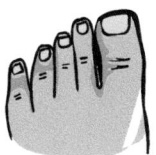

der Zeh

nansoa

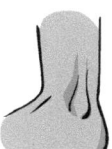

die Ferse

nantini

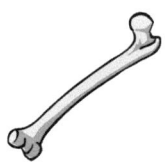

der Knochen

dompe

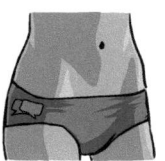

die Hüfte

ataasɔɔ

das Knie

kotodwe

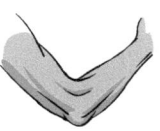

der Ellenbogen

abatwɛ

die Nase

ɛhwene

das Gesäß

ɛtoɔ

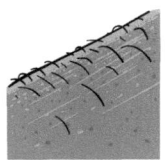

die Haut

wedeɛ

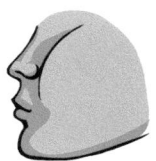

die Wange

afono

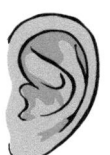

das Ohr

aso

die Lippe

ano

der Mund

anom

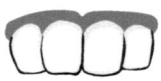

der Zahn

εsee

die Zunge

tεkyerεma

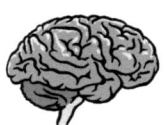

das Gehirn

adwene

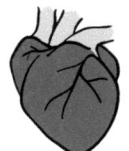

das Herz

akoma

der Muskel

ntini

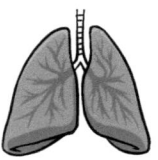

die Lunge

aharawa

die Leber

brεbɔɔ

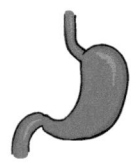

der Magen

yafunu

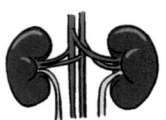

die Nieren

asaa

der Geschlechtsverkehr

nna

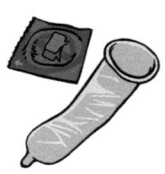

das Kondom

kɔndɔm

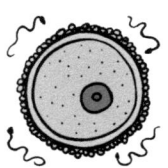

die Eizelle

ɔbaa nkosua

das Sperma

barima ho nsuo

die Schwangerschaft

nyinsεn

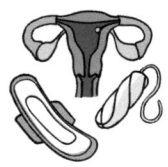

die Menstruation

nsabuo

die Vagina

ɛtwɛ

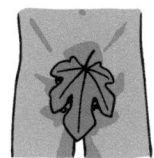

der Penis

kɔteɛ

die Augenbraue

anintɔn

das Haar

enwin

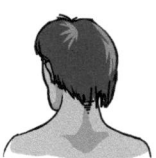

der Hals

ɛkɔn

# das Krankenhaus
## ayaresabea

das Krankenhaus
ayaresabea

der Krankenwagen
ambulans

der Rollstuhl
abubuafoɔ akonwa

der Bruch
dompe a adwa

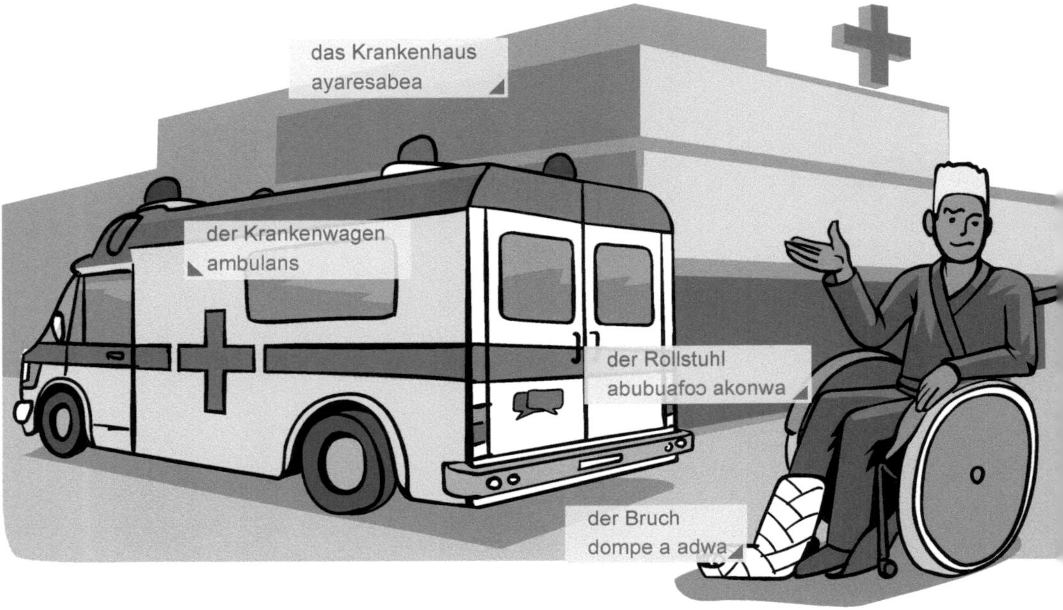

der Arzt

dɔkota

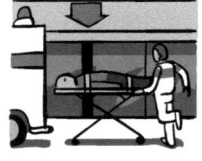

die Notaufnahme

ɛdan a wɔde putupru nsɛm
kɔmu

die Krankenschwester

nɛɛse

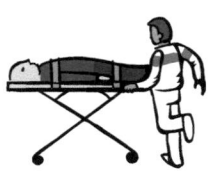

der Notfall

putupru

ohnmächtig

wɔ atwa ahwe

der Schmerz

yea

die Verletzung

epira

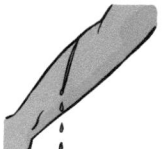

die Blutung

mogyatuo

der Herzinfarkt

akoma yarenini

der Schlaganfall

stroke yareɛ

die Allergie

allegyi

der Husten

ɛwa

das Fieber

ahoɔhyeɛ

die Grippe

papu

der Durchfall

ayamtuo

die Kopfschmerzen

tipaeɛ

der Krebs

kokoram

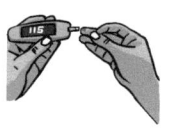

die Diabetis

asikyire yareɛ

der Chirurg

dɔkota a ɛyɛ oprehyɛn

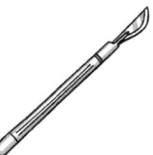

das Skalpell

skapɛl sekan

die Operation

aprehyɛn

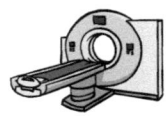

das CT
CT

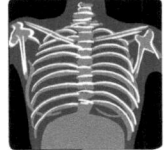

das Röntgen
x-ray

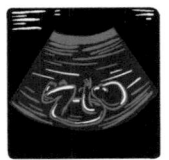

das Ultraschall
ultrasound

die Maske
nkatanim

die Krankheit
yareɛ

das Wartezimmer
ɛdan a wɔ twɛn mu

die Krücke
krɔhyes

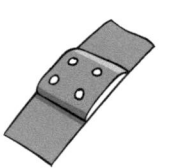

das Pflaster
plasta

der Verband
banege

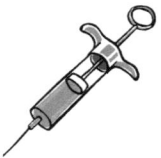

die Injektion
paneɛ

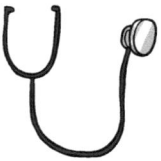

das Stethoskop
Stetoskop

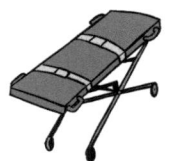

die Trage
ahomankaa

das Thermometer
afidie a esusu ahoɔhyeɛ

die Geburt
awoɔ

das Übergewicht
kɛseɛ mmorosoɔ

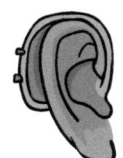

**das Hörgerät**

afidie a ɛboa asɛmtie

**das Desinfektionsmittel**

aduro a ekum mmoawa

**die Infektion**

yareɛ a mmoawa deba

**das Virus**

vaarɔs

**das HIV / AIDS**

HIV / AIDS

**die Medizin**

aduro

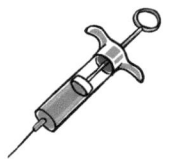

**die Impfung**

aduro a esi yareɛ ano

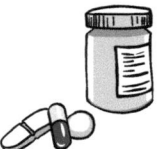

**die Tabletten**

aduro tablɛte

**die Pille**

topaeɛ

**der Notruf**

ɔfrɛ wɔ putupru so

**das Blutdruck-Messgerät**

afidie a esusu mogya
mmrosoɔ

**krank / gesund**

yareɛ / apomuden

Hilfe!

Boa me!

der Alarm

kɔkɔbɔ

der Überfall

ɛborɔ

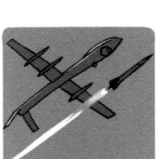

der Angriff

ato ahyɛ obi so

die Gefahr

ɛyɛ hu

der Notausgang

baabi a yɛfa de pue putupru so

Feuer!

Ogya!

der Feuerlöscher

afidie a yɛde dumgya

der Unfall

nkwanhyia

der Erste-Hilfe-Koffer

nneɛma yɛde sɔ yareɛ ano

SOS

SOS

die Polizei

polisi

das Europa

Yuropo

das Nordamerika

Amerika atifi

das Südamerika

Amerika ananfɔ

das Afrika

Abiberm

das Asien

Asia

das Australien

Australia

der Atlantik

Atlantik

der Pazifik

Pasifek

der Indische Ozean

India po kɛseɛ

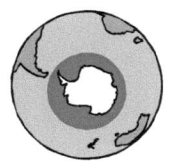

der Antarktische Ozean

Antaatek po keseɛ

der Arktische Ozean

Aatek po kɛseɛ

der Nordpol

Ewiase atifi

der Südpol

Ewiase anaafoɔ

die Antarktis

Antaatek

die Erde

Ewiase

das Land

asaase

das Meer

ɛpo

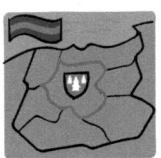

die Insel

supɔ

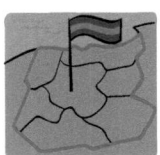

die Nation

ɔman

der Staat

ɔman

das Zifferblatt

klɔko no anim

der Stundenzeiger

dɔnhwere nsa no

der Minutenzeiger

sima nsa

der Sekundenzeiger

anitɛtɛ nsa no

Wie spät ist es?

Abɔ sɛn?

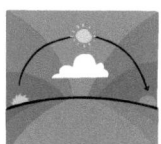

der Tag

da

die Zeit

berɛ

jetzt

seeseiara

die Digitaluhr

wkye a nɔma wɔ so

die Minute

sima

die Stunde

dɔnhwere

# die Woche

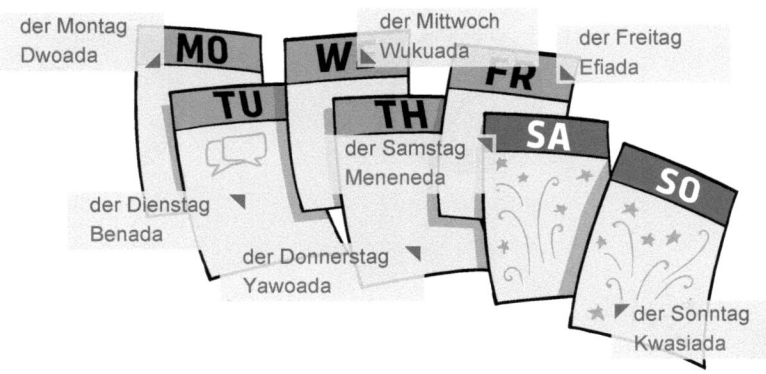

der Montag
Dwoada

der Mittwoch
Wukuada

der Freitag
Efiada

der Samstag
Meneneda

der Dienstag
Benada

der Donnerstag
Yawoada

der Sonntag
Kwasiada

gestern

ɛnora

heute

ɛnora

morgen

ɔkyina

der Morgen

anɔpa

der Mittag

prɛmtobrɛ

der Abend

anwumerɛ

die Arbeitstage

adwuma nna

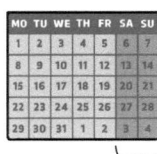

das Wochenende

nnawɔtwe awieɛ

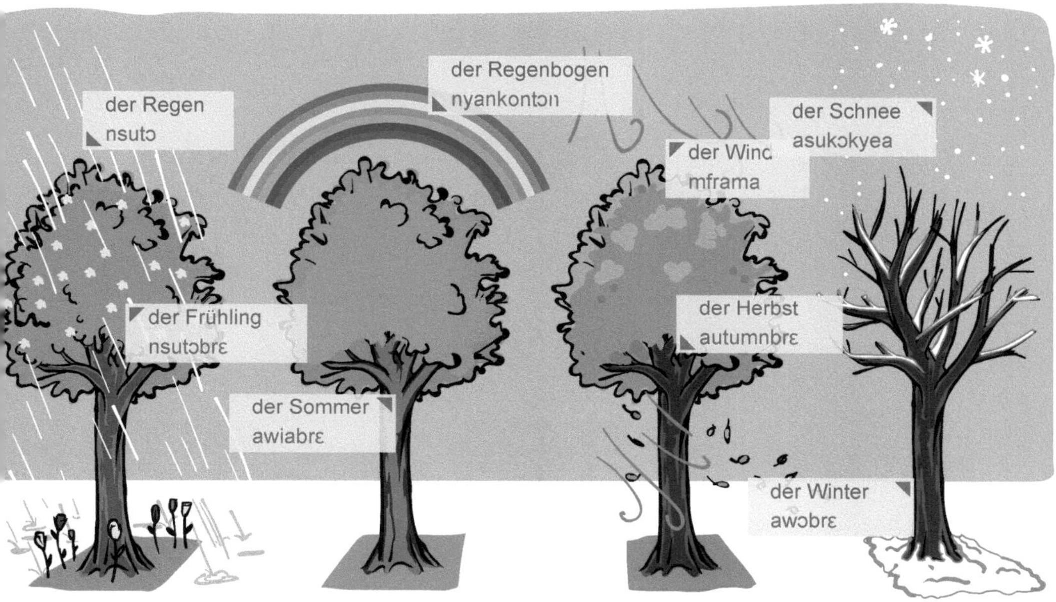

der Regen
nsuɔ

der Regenbogen
nyankontɔn

der Schnee
asukɔkyea

der Wind
mframa

der Frühling
nsutɔbrɛ

der Herbst
autumnbrɛ

der Sommer
awiabrɛ

der Winter
awɔbrɛ

die Wettervorhersage
ewiem nsakrɛeɛ

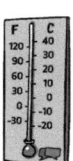

das Thermometer
afidie a esusu ade ho hyeɛ

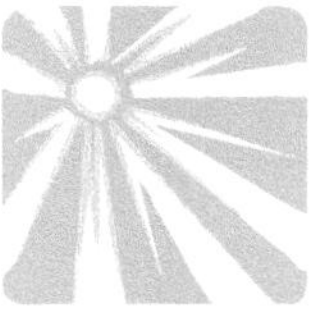

der Sonnenschein
awiabɔ

die Wolke
munukum

der Nebel
ɛbɔ

die Luftfeuchtigkeit
ewiem nsuo

der Blitz

ayerɛmo

der Donner

apranaa

der Sturm

ehum

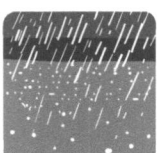

der Hagel

asukɔkyea

der Monsun

monsoonbrɛ

die Flut

nsuyiri

das Eis

aise

der Januar

ɔpɛpɔn

der Februar

ɔgyefoɔ

der März

ɔbɛnem

der April

Oforisuo

der Mai

Kotonimaa

der Juni

Ayɛwohomumu

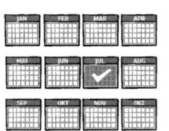

der Juli

Kitawonsa

der August

ɔsanaa

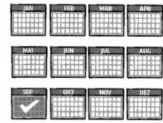

der September
...............
ɛbɔ

der Oktober
...............
Ahinime

der November
...............
Obubuo

der Dezember
...............
ɔpɛnimaa

# die Formen

## abosuo

der Kreis
...............
kanko

das Quadrat
...............
sokwɛɛ

das Rechteck
...............
rɛktangel

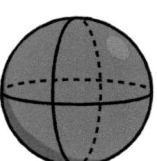

das Dreieck
...............
triangel

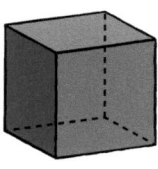

die Kugel
...............
krukruwa

der Würfel
...............
adaka

weiß

fitaa

gelb

akokɔ sradeɛ

orange

ankaa

pink

pink

rot

kɔkɔɔ

lila

pɛpol

blau

bruu

grün

ahaban mono

braun

braun

grau

nson

schwarz

tuntum

viel / wenig

pii / ketewa

wütend / friedlich

wo boafu / wɔ adwo

hübsch / hässlich

ɛyɛ fɛ / ɛyɛ tan

der Anfang / das Ende

ahyɛseɛ / awieɛ

groß / klein

kɛseɛ / esua

hell / dunkel

ɛha / esum

der Bruder / die Schwester

nuabarima / nuabaa

sauber / schmutzig

ɛho te / ayɛ fin

vollständig / unvollständig

awie / enwieɛ

der Tag / die Nacht

awia / anadwo

tot / lebendig

awu / ɛte ase

breit / schmal

emubae / ɛyɛ tea

genießbar / ungenießbar

yɛde /yɛnni

böse / freundlich

bɔne / tema

aufgeregt / gelangweilt

wɔ aniagye / wɔ ani nka

dick / dünn

ɔsɔ / teatea

zuerst / zuletzt

edikan / etwatoɔ

der Freund / der Feind

adamfoɔ / atamfo

voll / leer

ayɛ mma / hwee nim

hart / weich

ɛdenden / mmerɛ mmerɛ

schwer / leicht

ɛyɛ duru / ɛyɛ ha

der Hunger / der Durst

ɛkɔm / nsukɔm

krank / gesund

yareɛ / apomuden

illegal / legal

etia mmara / ɛwɔ mmara mu

intelligent / dumm

nyansa / gyimi

links / rechts

benkum / nifa

nah / fern

ɛbɛn / akyire

die Gegenteile - abirabɔ

neu / gebraucht

foforɔ / dada

nichts / etwas

hwee / biribi

alt / jung

wɔ anyini/ ɔsua

an / aus

sɔ /dum

offen / geschlossen

bue / tom

leise / laut

dinn / dede

reich / arm

ɔdefoɔ / ohia

richtig / falsch

nifa / benkum

rau / glatt

werewerɛwerewerɛ /
trontron

traurig / glücklich

awerɛhoɔ / anigyeɛ

kurz / lang

tietia / tenten

langsam / schnell

nyaa / ntɛm

nass / trocken

afɔ / awo

warm / kühl

dedɛɛdeɛɛ / adwo

der Krieg / der Frieden

akoo / asomdweɛ

**0**

null

hwee

**1**

eins

baako

**2**

zwei

mienu

**3**

drei

meɛnsa

**4**

vier

ɛnan

**5**

fünf

enum

**6**

sechs

nsia

**7**

sieben

nson

**8**

acht

nwɔtwe

**9**

neun

nkron

**10**

zehn

edu

**11**

elf

du-baako

**12**

zwölf
du-mienu

**13**

dreizehn
du-mεnsa

**14**

vierzehn
du-nan

**15**

fünfzehn
du-num

**16**

sechzehn
du-nsia

**17**

siebzehn
de-nson

**18**

achtzehn
du-nwɔtwe

**19**

neunzehn
du-nkron

**20**

zwanzig
aduonu

**100**

hundert
ɔha

**1.000**

tausend
apem

**1.000.000**

million
ɔpepem

Englisch

Brɔfo

Amerikanisches Englisch

Amerikafoɔ Brɔfo

Chinesisch Mandarin

Chainfoɔ Mandarin

Hindi

Hindi

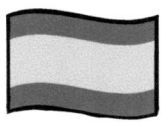

Spanisch

Spainfoɔ kasa

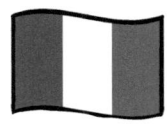

Französisch

French kasa

Arabisch

Arabia kasa

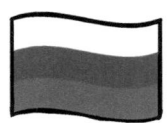

Russisch

Russianfoɔ kasa

Portugiesisch

Portugalfoɔ kasa

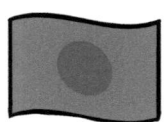

Bengalisch

Bengali

Deutsch

Germanfoɔ kasa

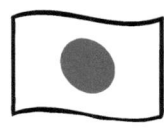

Japanisch

Japanfoɔ kasa

ich
Me

du
wo

er / sie / es
ono

wir
yɛn

ihr
wo

sie
ɔmmo

wer?
hwan?

was?
deɛ bɛn?

wie?
ɛyɛ deɛn?

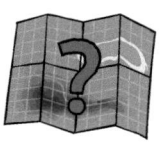

wo?
ehen?

wann?
dabɛn?

Name
edin

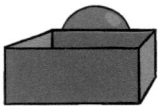

hinter

akyire

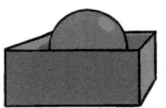

in

emu

vor

anim

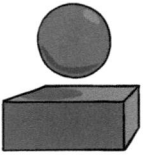

über

εsoro

auf

εso

unter

aseε

neben

nkyεn

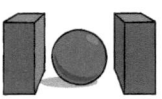

zwischen

ntεm

der Ort

beaε